# O SONHO DE BION

**Blucher**

# O SONHO DE BION

*Uma leitura das autobiografias*

Meg Harris Williams

Tradução e notas
Luiz Carlos Uchôa Junqueira Filho

*All rights reserved.*
*Authorised translation from the English language edition first published*
*by Karnac Books Ltd. and now published by Routledge, a member of the*
*Taylor & Francis Group.*

*O sonho de Bion: uma leitura das autobiografias*
Título original: *Bion's Dream: A Reading of the Autobiographies*
© 2009 Meg Harris Williams
© 2018 Editora Edgard Blücher Ltda.

Imagem da capa: Meg Harris Williams

# Blucher

Rua Pedroso Alvarenga, 1245, 4º andar
04531-934 – São Paulo – SP – Brasil
Tel.: 55 11 3078-5366
**contato@blucher.com.br**
**www.blucher.com.br**

Segundo o Novo Acordo Ortográfico, conforme
5. ed. do *Vocabulário Ortográfico da Língua
Portuguesa*, Academia Brasileira de Letras,
março de 2009.

É proibida a reprodução total ou parcial por
quaisquer meios sem autorização escrita da
editora.

Todos os direitos reservados pela Editora Edgard
Blücher Ltda.

Dados Internacionais de Catalogação
na Publicação (CIP)
Angélica Ilacqua CRB-8/7057

Williams, Meg Harris
O sonho de Bion : uma leitura das autobiografias / Meg Harris Williams ; tradução de Luiz Carlos
Uchôa Junqueira Filho. – São Paulo : Blucher, 2018.
170 p.

Bibliografia
ISBN 978-85-212-1309-3 (e-book)
ISBN 978-85-212-1308-6 (impresso)
Título original: *Bion's Dream: A Reading of the
Autobiographies*

1. Psicanalistas – Autobiografia 2. Bion, Wilfred
R. (Wilfred Ruprecht), 1897-1979 – Autobiografia
3. Psicanálise – Grã-Bretanha – Biografia – História
e Crítica I. Título. II. Junqueira Filho, Luiz Carlos
Uchôa.

18-0433 CDD 150.1950092

Índice para catálogo sistemático:
1. Psicanalistas – Autobiografia

*Para Francesca Bion*

*Eu sou: portanto questiono. É a resposta – o "sim, eu sei" – é que é a doença que mata. . . . A música que a sereia canta, e sempre cantou, é que a chegada no abrigo – e não a viagem – é que representa a recompensa o prêmio, o céu, a cura.*

Wilfred Bion, *All My Sins Remembered*

*Nada sei. Pergunto.*
*Quando me respondeu,*
*Registro o que foi dito*
*No osso e na veia.*
*O sangue diz: isto é verdadeiro,*
*E aquilo não passa de uma máscara.*

Roland Harris, "I ask a fresh vision"
["Necessito uma nova visão"]

As notas do tradutor estarão acompanhadas da sigla "N.T."; as da autora constituem as demais. Manteremos os títulos originais dos livros de Bion, de modo a permitir aos leitores conferir as citações. [N.T.]

# Agradecimentos

Gostaria de agradecer aos editores das seguintes revistas, nas quais partes deste livro foram inicialmente publicadas: "'Underlying Pattern' in Bion's *A Memoir of the Future*", *International Review of Psycho-analysis*, *10*(75), 1983, pp. 75-86; "Bion's *The Long Week-End*: a review article", *Journal of Child Psychotherapy*, *9*, 1983, pp. 69-79; e "The Tiger and 'O'", *Free Associations*, *1*, 1985, pp. 33-55.

# Conteúdo

Apresentação à edição brasileira — 13

Introdução — 15

1. Lembrando — 25
2. Sonhando ao reverso: *A Memoir of the Future* — 69
3. O germe em crescimento do pensamento: a influência de Milton e dos poetas românticos sobre Bion — 137

Referências — 165

# Apresentação à edição brasileira

O projeto de traduzir o livro *Bion's Dream*, de Meg Harris Williams, surgiu no interior de um grupo de estudos sobre "Estética e Metapsicologia", coordenado por mim na Sociedade Brasileira de Psicanálise de São Paulo. Neste grupo, temos estudado já há alguns anos a obra de Meg. Começamos com *The Chamber of Maiden Thought*, que explora, a partir dos poetas e escritores românticos ingleses, as origens literárias do modelo psicanalítico da mente. Prosseguimos com o estudo do *The Vale of Soulmaking*, no qual ela explora as implicações da poética pós-kleiniana, e chegamos ao *The Aesthetic Development*, em que ela tenta circunscrever o espírito poético da psicanálise a partir de ensaios sobre Bion, Meltzer e Keats.

O livro seguinte, *Bion's Dream*, originalmente concebido como um capítulo do *The Aesthetic Development*, foi ampliado em função do convite que lhe fiz para escrever um artigo sobre "as musas do psicanalista", em que ela traça a influência de poetas como Shakespeare, Milton, Blake, Shelley e Keats na obra de Bion. Foi embalada por essa ampliação que ela se dispôs a aprofundar-se nas

14 APRESENTAÇÃO À EDIÇÃO BRASILEIRA

formulações onírico-estéticas de Bion, a partir de uma leitura de suas autobiografias.

Desde 1983, em seu artigo pioneiro sobre o "padrão subjacente" no *A Memoir of the Future* [*Uma memória do futuro*] de Bion, Meg revelou-se uma excelente leitora de suas autobiografias, bem como uma crítica arguta da correlação entre suas experiências de vida e seus conceitos psicanalíticos. No entanto, a variedade e a profusão dessas experiências, que Meg utiliza *in extenso*, nos levaram a acrescentar ao texto, além das notas da autora, outras que nos pareceram essenciais para sua compreensão.

É preciso expressar aqui minha gratidão aos colegas do referido grupo de estudos que colaboraram no projeto. A Marisa Mélega, que providenciou as gravações e transcrições das leituras traduzidas; aos demais membros do grupo: Orlando Hardt, João França, Suzete Louzã e, na fase final de revisão, Vera Montagna e Eunice Nishikawa. Todos, ao longo das discussões, contribuíram de forma inestimável para o enriquecimento da leitura conjunta.

Por fim, gostaria de registrar a gratidão do grupo à própria Meg, com quem, recentemente, foi possível conviver durante seminários realizados aqui em São Paulo, à Editora Blucher e também à Editora Karnac Books, que, durante o período de suas atividades no Brasil, teve a auspiciosa coordenação de Paulo Cesar Sandler.

**Luiz Carlos Uchôa Junqueira Filho**

Analista didata da Sociedade Brasileira de Psicanálise
de São Paulo (SBPSP) e professor de seu instituto

# Introdução

Desde a época de *Transformations* (1965), Bion começou a integrar o seu trabalho anterior sobre grupos com sua busca pela compreensão da psique individual, e tornou-se gradualmente claro que esta vem a ser uma busca estética. O indivíduo é ele mesmo um "grupo de pensamentos e sentimentos" e o método da psicanálise é discernir e descrever seus "padrões subjacentes": "Indago-me o que faço quando tento chamar a atenção de um analisando para um dado padrão" (Bion, 1991, p. 213). No campo dos padrões estéticos, "A psicanálise não passa de uma lista no pelo do tigre. Em última instância, ela pode chegar ao Tigre – a coisa em si mesma, o 'O'" (p. 112). O "animal feroz, a Verdade Absoluta", pode não ser capturável, mas os "grandes caçadores" da intuição psicanalítica podem interpretar a partir de vislumbres nebulosos, desde que estejam livres para se entregar a pesadelos e não estarem confinados à "pálida iluminação da luz do dia" (pp. 5, 239).

As narrativas autobiográficas de Bion, *A Memoir of the Future* (1975-1979)[1] e *The Long Week-End* (1982), junto com a sequência,

---

1 *A Memoir of the Future* foi originalmente publicado em três volumes (*The*

16 INTRODUÇÃO

*All My Sins Remembered* (1985),[2] são a chave para sua autoanálise dos grupamentos internos e seus padrões mutáveis. Estes livros, portanto, representam os exemplos mais finamente burilados do seu método de ensino. O "modelo da guerra física real" pode ser usado como um roteiro, mas o assunto verdadeiro vem a ser sempre a "guerra da mente", e dessa "guerra não conseguimos nos libertar" – uma frase proferida "antes que a psicanálise sequer pudesse ter sido imaginada" (Bion, 2005a, p. 93). No final de sua vida, ele se esforçou em apresentar não somente sua história de vida, e não somente seus pensamentos, mas o seu modo de pensar, nos termos de uma conversa interna que pudesse adotar uma forma suficientemente realista, de modo que se tornasse "audível a outras pessoas" (Bion, 1991, p. 113). Sua ambição não era nada menos do que poder dramatizar o próprio processo do pensar: o tipo de pensar que, mesmo imperfeitamente, "molda o pensador", e cuja realidade é vislumbrada antes na forma mutável de uma mente do que em qualquer teoria, mensagem, ou sumário de experiências.

Olhando retrospectivamente em relação ao seu próprio romance com a psicanálise, Bion (1985) nos conta que, em vez de "senti-la-no-passado" ("feeling-it-in-the-past"), como fizera com seu primeiro analista,[3] ele percebeu que precisava saber como lidar com seus sentimentos do presente; isso significava retomar o contato

---

*Dream*, 1975; *The Past Presented*, 1977; *The Dawn of Oblivion*, 1979). Em 1981, foi publicado *A Key*, um glossário de termos da trilogia. As referências aqui utilizadas são à edição completa em volume único (Karnac Books, 1991).

2 Em realidade, a autora não mencionou um quarto livro autobiográfico, *War Memoirs* (1997). [N.T.]

3 O primeiro "analista" de Bion, denominado por ele dr. FiP ("Feel-it-in-the-past"), foi identificado como o Dr. J. A. Hadfield, que ele encontrou primeiro no University College e depois na Tavistock. A expressão "sinta-o no passado" parece remeter a uma memória traumática freudiana. [N.T.]

com a sua "centelha de sinceridade" nativa (p. 45). Ele compara a sua mente com uma brasa adormecida aguardando ser reavivada:

> *Não interrompa [Bion diz a si próprio]: Estou pensando. Seria útil se eu pudesse buscar por entre fragmentos de minha mente os remanescentes de cinzas daquilo que outrora viera a ser um fogo flamejante, na esperança de revelar algum tesouro que pudesse reconstituir uma valiosa peça de sabedoria, uma centelha no meio das cinzas que pudesse ser soprada numa chama na qual outros pudessem aquecer suas mãos. (p. 31)*

Bion oferece sua própria mente como uma fonte potencial de vitalidade na qual outros poderiam "aquecer suas mãos", se eles também pudessem buscar a centelha generativa de sinceridade coextensiva – diz ele – com a "bela adormecida" da própria psicanálise.

*The Long Week-End* juntou-se às narrativas clássicas da Primeira Guerra Mundial, sendo fácil de ler e por ela sentir empatia; mas o *Memoir* ainda vem a ser, como Francesca Bion disse, o menos compreendido dos trabalhos de Bion. Como minha mãe, Marta Harris (1980/1987a),[4] escreveu:

> *O pensamento intuitivo [de Bion] estava tão na frente daquele de qualquer outra pessoa no nosso campo, que seu efeito seminal só agora começa a ser sentido. É tal o impacto de* A Memoir of the Future, *que rastreia a mente complexa em ação, falando a partir de múltiplos vértices, ao longo do transcorrer de suas idades – des-*

---

4 Martha Harris tinha sido supervisionanda de Bion.

*de o feto no útero até 77 anos de idade –, apresentando o drama vivo de sua história interna; fascinante, argumentativo, profundo, intrigante, sempre inesperado, às vezes cegamente, mas obviamente verdadeiro. (p. 344)*

O *Memoir*, descrito como um "relato fictício de psicanálise" (Bion, 1991, p. 4), é clara e explicitamente um sonho artificial, buscando uma forma estética num gênero que lhe seja próprio. Vem a ser uma "tentativa psicoembriônica de escrever um relato embriônico-científico de uma jornada do nascimento até a morte" (p. 429). A história cobre um ciclo vital inteiro, e, no entanto, num outro sentido, é como o sonho de William Golding de um homem, *Pincher Martin*, que estava se afogando – poderia ser tomada como sonhada num só instante. Ou como foi formulado por T. S. Eliot:

*Nós possuíamos a experiência, mas não tínhamos o significado*

*E a abordagem em direção ao significado restaura a experiência*

*De uma forma diferente, além de qualquer significado*

*Que possamos atribuir à felicidade.*

*(Eliot, "The Dry Salvages", ll. 93-96)*

O significado subjaz ao processo como objeto estético – o "drama vivo de uma história interna" –, não os acidentes da vida, mas seus usos como representação metafórica da vida mental. É o significado sonhante que possui um "efeito seminal" e que aciona centelhas em outras pessoas e engaja nelas sua própria "experiência restitutiva" autoanalítica.

Algo dessa qualidade "sonhada" é inerente também às autobiografias mais literais, em contraste com os diários de guerra de Bion, por exemplo. Estes também são essencialmente narrativas internas: como Bion (1982) disse, "eu escrevo sobre 'mim'" (p. 8). Nisso reside o seu interesse psicológico e universal (distintamente do interesse histórico). Numa peça de diálogo entre vozes internas em *Sins*, Bion (1985) diz:

> – *Acho que você produziu uma grande bagunça:*
>
> – *Eu não me importo se o fiz, pois eu não estou contando a história da minha vida. Aqueles que querem escrever a história de sua vida têm um problema: este não é o meu problema. (p. 33)*

A afirmação (feita por uma parte dele mesmo) de que ele *não* está contando a história da sua vida pode parecer obscura, até que reconhecemos que o seu principal interesse ao escrever a narrativa está ligado a poder viver sua vida no presente; como ele explica em algum outro lugar:

> *A razão pela qual nós nos ocupamos com coisas que são lembradas, com nossa história passada, não é em função de seu significado passado – se bem que aquilo possa ter tido uma importância intrínseca – mas em função da marca que aquilo deixou em você ou em mim ou em nós agora. (Bion, 1997, p. 38)*

Paradoxalmente quanto possa parecer, é a tal da "marca *agora*" que poderá conferir à história uma chance de perdurar. O que ele está de fato lembrando é o padrão de seu desenvolvimento mental,

20 INTRODUÇÃO

uma evolução continuada que envolve estabelecer contato com a criança interna a partir do momento em que ele não era um "rematado idiota" (como ele frequentemente sentia que era, depois de ter mergulhado num estado de "férias permanentes" em relação ao seu "pequeno pobre e ignorante *self*, lá da Índia"). "Acho que eu me lembro, ou imagino – agora já nem sei qual dos dois –, que existia uma época na qual eu não era [um rematado idiota]" (Bion, 1985, p. 32).[5] Quando ele era o "Filhote do Elefante" de "insaciável curiosidade", era um tipo de idiota diferente, mais shakespeariano, com um apetite de aprendizado;[6] e a redescoberta desse aspecto interno é aquilo que fornece a centelha vital para cada nova história ou jornada espiritual que ele empreende.

Nos próprios fundamentos da história onírica perene reside o acasalamento fantasiado entre os pais internos de Bion. Seu pai, Bion nos conta, "caçava com Jim Corbett", que era o grande caçador inglês na Índia, portanto, adquire (na realidade interna) algo do seu heroísmo e intuição ambiental – o homem que, como podemos aprender do *Man-Eaters of Kumaon* (1944),[7] vivia numa cesura entre a mente-do-tigre e as mentes humanas, sensível às

---

5  No *Memoir*, Bion (1991) escreve que, independentemente de a instrução de adotar um exoesqueleto tomar a forma de "*couvre-toi de gloire*" ou "*couvre-toi de flanelle*", ele "se sentiria um idiota de qualquer maneira" (p. 442). As expressões francesas parecem ter sido extraídas de um diálogo do livro *Tartarin de Tarascon*, de Alphonse Daudet, em que um personagem quixotesco exclama "Cubra-se de glória!" e é replicado por um personagem sanchesco que sugere ser mais fácil "Cobrir-se de flanela!", ou seja, agasalhar-se.

6  Na infância, Wilfred foi comparado ao "Filhote de Elefante" de Kipling, e em *Sins* ele escreve sobre "Eu, o Filhote do Elefante, aquele que não consegue aprender a partir de suas dificuldades" (Bion, 1985, p. 51).

7  Quando adolescente, lembro-me de ter ficado profundamente impressionada por este livro. Portanto, quando deparei com a autobiografia de Bion, as associações positivas e misteriosas sobrepujaram o verniz de extração mortífera do tipo de masculinidade Arfer-Raj que, em certo sentido, mantinha seu pai numa camisa de força.

sublevações emocionais desta fronteira delicada entre selva e moradia. Complementando o pai-caçador na sua paisagem mental está uma fêmea misteriosa, um espírito de tigresa incorporado na sua aia e em sua mãe parte indiana com seus chapéus espalhafatosos. Entrevemos aqui as riquezas escondidas que o capacitava a "aferrar-se à linha de frente" e a sobreviver mentalmente a vários traumas de sua vida.

Quando Bion (1991) especula no *Memoir* com respeito ao corar das paredes do útero que ocorre quando há o acasalamento do esperma com o óvulo (p. 566), o que acontece cada vez que uma nova ideia é concebida, ele está ressonhando as origens de sua própria mente, novamente infundida com significado, abdicando de qualquer máscara de respeitabilidade. Pois "Esta é uma tentativa de expressar minha rebelião – de dizer 'Adeus' a tudo aquilo" (p. 578). "Adeus" às "falsidades" da sua educação, "prepotentemente" não conformista, às falsidades do kleinianismo-kosher, ao confinamento de todos os tipos de respeitáveis "uniformes de herói" que aprisionam o "germe do pensamento em evolução".[8] No final de sua vida, portanto, Bion tinha o compromisso de seguir o seu próprio aviso de "abandonar-se" à Ideia-Platônica-da-Psicanálise, encarnada na forma de sua autoanálise. No entanto, aquilo que ele dissera a respeito dos autores que admirava aplica-se também a suas próprias autobiografias: "Como é difícil entender que certos livros não podem ser "lidos" por alguém que não tem a experiência emocional de lê-los. Isto soa tão vagaroso se comparado com a leitura fluente que desliza" (Bion, 1985, p. 178).

Não há razão para irmos diretamente ao final do livro (isto é, à interpretação), como Bion satiriza nos seus pequenos diálogos entre autor e leitor no início e no fim de cada volume do *Memoir*.

---

8 Frase inspirada no *Goodbye to All That*, de Robert Graves (*vide* a Nota 2 do Capítulo 1). [N.T.]

Numa experiência emocional de leitura, precisamos abandonar memória e desejo e, em seu lugar, adquirirmos uma congruência simbólica com a própria história do escritor, para interpretá-la e incorporá-la na nossa própria análise.

Este pequeno livro começou a sua vida como um único capítulo de *The Aesthetic Development* (Williams, 2010), seguindo o espírito de reimprimir ensaios prévios, mas cresceu e ultrapassou o arcabouço que lhe tinha sido conferido. Ele termina com uma discussão de alguns "ancestrais" poéticos de Bion (como ele o chamou), e é uma versão expandida de um ensaio que Luiz Carlos Junqueira Filho (da Sociedade Brasileira de Psicanálise de São Paulo) me pediu para escrever para publicação em português (Williams, 2009). A influência dos poetas na gramática profunda das teorias de Bion tem sido pouco estudada, portanto, pareceu-me útil conferir a essa característica implícita de sua "autobiografia" um capítulo em si, mesmo que não seja totalmente abrangente. Ele nos capacita a retroagir uma geração psíquica em termos da vida da centelha de sinceridade, para observar como os poetas penetraram em Bion, do mesmo modo que Bion (tanto quanto os poetas) penetra em nós. Ele demonstra de que forma os pensamentos são "generativos", como afirmado pelo grupo "Pós-Natal" no *A Memoir of the Future*.

Acima de tudo, neste livro eu tentei evitar a armadilha da "dependência", da qual Martha Harris (1978/1987b) nos alertou enquanto Bion ainda estava vivo:

> *A estrutura de grupo de dependência frequentemente se manifesta na confiança em relação a uma seleção cristalizada de teorias de Freud (o Messias original), às vezes amontoadas e contrapostas a uma extrapolação semelhante da obra de Melanie Klein (um santo*

*dos tempos recentes). Bion possivelmente não conseguirá escapar a esse mesmo destino. Suas teorias num tal clima de polarização são selecionadas adequadamente e apresentadas para eliminar os essenciais questionamentos, contradições e progressões inerentes nas formulações dos pioneiros que estão constantemente lutando para conceitualizar as observações clínicas que estão fazendo. (p. 328)*

A ilusão de sermos senhores de nosso campo e assim estar na posição de julgar e avaliar é facilmente mantida quando se tem uma respeitabilidade cultural ou acadêmica. Eu não gostaria de participar de uma nova ortodoxia: em vez disso, aqui eu continuei uma busca pessoal iniciada há trinta anos em busca de peças vivas de sabedoria sempre prontas a serem inflamadas por um sopro. Eu quero escrever a respeito de Bion de um modo que poderia somente ser escrito por mim mesma, embora espere que o retrato possa sobrepor-se com aquele de outros leitores. Se levarmos a sério aquilo que Bion diz, é assim que ele gostaria de ser "lembrado". Essa é a meta de toda escrita séria, incluindo a crítica literária; como Bion constantemente nos lembra, não existem ideias novas – é apenas sua redescoberta e digestão que é nova. Os pensamentos podem existir muito felizmente sem um pensador; somente o pensador é passível de modificação.

# 1. Lembrando[1]

## The Long Week-End

The Long Week-End, de Wilfred Bion, é uma avaliação fascinante da falha de um homem em tornar-se um indivíduo, em adquirir integridade, em estabelecer contato emocional com seus objetos internos. É um livro notável no sentido de ser uma invocação bem escrita, sagaz e artística de um assunto aparentemente desagradável. Desenvolve questões apresentadas em seu livro A Memoir of the Future: "Será que alguém viu um artista pintar um quadro 'sobre' ou 'de' alguma coisa feia que, no entanto, era bonita?" (Bion, 1991, p. 128). O gênero do trabalho poderia ser descrito como um híbrido extraído das obras Good Bye to All That, Lord of the Flies e 1984.[2] Pois, embora seu efeito dependa da descrição realista de um

---

1 Este capítulo é a reimpressão de uma resenha do The Long Week-End na época da sua publicação original (Williams, 1983b), seguido por uma leitura da continuação subsequente da autobiografia de Bion em All My Sins Remembered. Essa foi a primeira resenha publicada da sua autobiografia.

2 Good Bye to All That (1929) é a autobiografia de Robert Graves, um oficial do Exército Britânico na Primeira Guerra Mundial, em que ele descreve com co-

clima social particular, ele possui uma qualidade futurística que fornece uma contribuição essencial a seu impacto emocional. Na religião, puritanismo e patriotismo da era vitoriana tardia, vislumbra-se o *Big Brother* na forma de uma série de "falsos pais", de ideais perversos de masculinidade e feminilidade e de educação. Estes, a despeito das intenções benevolentes e mesmo amorosas de muitos dos principais personagens, acabam sendo bem-sucedidos em separar a criança Wilfred de qualquer contato emocional genuíno com seus pais (literal ou metaforicamente) ou com a sua herança cultural. "Os pais, o *staff*, todos estavam presos numa rede de ameaça desgovernada", pois "Quem poderia reconhecer perigo na piedade, e no patriotismo ardente em relação à escola e também a heróis esportivos?" (Bion, 1982, pp. 47, 92). Como criança, Wilfred ainda teve que aprender que o brigão Morgan, da escola preparatória, não era alguém incomum, mas um arquétipo; e que, "de onde aquele viera, a fonte dos Morgans desta vida, muitos mais existiam" (pp. 47-50). E Bion, ocasionalmente, deixa escapar, entre parênteses, outras observações, para nos lembrar de que a "rede" sinistra daquele período continua nas suas formas modernizadas. Mas a chave principal para a importância presente e futura do livro reside em poder olhá-lo como um relato da falha do crescimento de um Homem Comum. Como Bion ressalta no seu Prefácio,

---

micidade e sem sentimentalismos as banalidades e desesperos da guerra, paralelamente a descrições de sua infância e educação. O título sugere que, após o cataclisma da guerra, uma ordem antiga é deixada para trás, que o patriotismo está cheio de distorções, e que a vida social é vulnerável ao ser contaminada por epidemias de *ismos*: ateísmo, feminismo, socialismo e pacifismo. *Lord of the Flies* (1954) é o famoso livro de William Golding sobre um grupo de garotos ingleses presos numa ilha que tentam se autogovernar, com resultados desastrosos. O livro de George Orwell *Nineteen Eighty-Four* (1949) é uma ficção científica social a respeito da instalação de uma instância controladora do pensamento nas sociedades totalitárias, o famoso *Big Brother*. [N.T.]

*Qualquer um "pode saber" de qual escola, qual regimento, quais colegas e amigos, a respeito dos quais eu estou escrevendo. Mas, em todos os sentidos, a não ser no sentido mais superficial, esta avaliação estaria errada. Eu escrevo sobre mim. Pois, ao escrever sobre* "mim", ele reconhece que está "mais próximo de aproximar-se à [sua] ambição" de formular "fenômenos de forma a mais semelhante possível aos números". (p. 8)

O livro, portanto, descreve a série de mal-entendidos e humilhações que o transformaram rapidamente num "rematado mentiroso", que podia insinuar-se elegantemente no interior dos supostos básicos de um dado código de comportamento: um processo que o capacita a sentir-se "menos uma pária" – quer dizer, menos do que um indivíduo. Ele descreve isso como a formação de um "exoesqueleto" vigiado por um *Arf Arfer* aterrorizante, um Deus vingador. Este método de ante-educação o impede de aprender qualquer coisa a partir de sua experiência, mesmo a experiência da guerra, a respeito da qual "Nada aprendi presumidamente porque aos 19 anos eu me tornara muito preso a minhas bitolas" (p. 193). Pois o endurecimento do estojo mental não ajuda a expansão da mente: "Nem a disciplina do comando repetitivo, nem o 'paraíso' da classe média da Inglaterra, nem um exoesqueleto tomando o lugar de um esqueleto de um animal endoesqueletoso poderiam servir: muito menos ainda no domínio da mente" (p. 194).

Depois de um ano anticlimático como melhor aluno e capitão de atividades esportivas, Wilfred deixa a escola preparando-se para "encontrar meu pai e minha mãe", como se fosse pela primeira vez (pois eles virtualmente desaparecem durante a narrativa do

28　LEMBRANDO

período escolar).[3] Em vez, no entanto, de um verdadeiro "encontro", ele descobre que seu *self* interno parece ter desaparecido; sua mãe beija "um simulacro quitinoso de um garoto do qual uma pessoa tinha se esvaído, mas eu estava aprisionado, incapaz de romper a carapaça aderida a mim". A metáfora do frangote incapaz de sair da casca adequadamente percorre todo o livro. No *Memoir*, isso adquiriu uma espécie de inteireza quando o oficial "eclode" do seu tanque exoesqueletoso na medida em que ele adquire, quase involuntariamente, uma capacidade para pensar. "Obcecado pelo medo da covardia", o jovem homem recém-emergido da escola olha em volta de si buscando vários tipos de disfarces ("cubra-se de glória" ou "cubra-se de flanela"?) e, inicialmente rejeitado pelo Exército, descobre que não possuía "uma base que o sustentasse". Recorrentemente, a memória de encontrar-se com sua mãe ameaça minar o suposto básico grupal do momento; mas trata-se somente de uma ameaça, pois ela está implicada numa rede de engano, que possuía um padrão duplo de amor e de aceitabilidade social. O conflito para Wilfred é intolerável; ele sente ao deixar o Campo de Treinamento que: "Eu me sentia seccionado da minha base. O inimigo tinha ocupado totalmente minha mãe. 'Amanhã outros bosques frescos e outras pastagens'. [*Lycidas*]. Sim, *bosques*, seu imbecil! É lá sozinho na selva que você precisa viver" (p. 114).

Não há "anestésico para aqueles que sofrem ao se ausentar de casa" (p. 115). A dor de outro tipo de "luta armada" – a "selva" da luta solitária interior, "os bosques" de *Lycidas* – não é suportável exatamente em função dos dois pesos e duas medidas, que sugerem um tipo de deslealdade não intencionada incrustada na Mãe. Não há suporte, não há catarse para os terrores noturnos relacionados com "a selva" da sua infância na Índia e "o seu pobre e

---

3　Aos 8 anos, Bion foi enviado pelos pais para fazer seus estudos num internato na Inglaterra. [N.T.]

pequenino *self* indiano ignorante" (p. 92), que se torna, em certo sentido, simbólico do potencial expatriado, esmagado do contato emocional. Como na escola, a conformidade da vigília induz a terrores noturnos: "Estou dizendo, Richards, você *estava* fazendo uma confusão a noite passada!... como se você estivesse sendo estrangulado!" (p. 90)

Bion torna claro que "a guerra" em si mesma é simplesmente a continuação de um estado preexistente de coisas, *ad absurdum*: "escolares de todas as idades brincando de soldados, ensaiando para um embate real, mas nunca apreendendo o sentido dessa guerra e, ainda mais terrível, achando que guerra é algo normal, e não um desastre aberrante" (p. 113). Durante o episódio da guerra (que constitui o grosso da autobiografia), os Falsos Pais aparecem frequentemente sob forma caricata. A caricatura é às vezes tão forte que é fácil descartar o seu assunto como algo social ou político, e não algo interno e, consequentemente, parte de um estado de guerra "normal" e permanente. Surge, por exemplo, uma velha *lady* distinta numa cerimônia de chá de Cheltenham que, finalmente, leva Bion para um canto para formular uma tremenda indagação: "Mas como é que é dirigir um tanque para cima de *pessoas*?". Esta *lady* está associada no contexto do livro com "a Mãe Inglaterra, aquela puta velha" que "crucifixa" seus filhos (pp. 265-266).[4] Existe a Igreja com as suas histórias melosas de soldados, que se esforça para pintar de rosa a perda de uma perna por meio de observações filosóficas do tipo "ele só precisará agora limpar uma das botas". Existe um Major que o envia a missões suicidas com a preocupação parental falsa de "Não arrisque a vida de seus homens", secundada pelo brilho confortante de uma fala de homem para homem exclusiva:

---

4  "Miss Whybrow", que formula essas antiquestões, é mencionada no *Memoir* (Bion, 1991, p. 571) como "Myth Whybrow" e glosada na *Key* como uma figura que representa a "inibição da curiosidade" (p. 675), a vista grossa que o mundo adulto faz em relação às perguntas das crianças.

"Não deixe que estes caras [isto é, os oficiais não comissionados, os oficiais subalternos] fiquem bundando por aí, enquanto nós ainda temos assuntos secretos para discutir. Mas, diga-me, como é que a coisa funcionou?" (p. 141). Como a *lady* em Cheltenham, ele exibe a curiosidade obscena que se torna sancionada e encorajada por uma impecável "etiqueta".

A morte em si mesma torna-se uma "crise de etiqueta" quando Smith torna-se "Aquilo" e quando os seus membros, já rígidos, se recusam a ser enfiados dentro da cova rasa. Em vez de chocar os escolares brincando de soldados pelo contato com a realidade emocional, a contínua e degradante confrontação com a morte real serve para reforçar o "senso de irrealidade": "Eu estava chocado [ao me defrontar com um conhecido que acabara de morrer]. Eu estava chocado ao perceber que eu não estava nem aí". Num ponto, Bion descreve os grunhidos dantescos de homens feridos e abandonados atolados na lama, onde os padioleiros não ousavam ir buscá-los: "Como pássaros do pântano, numerosos abetouros se acasalando não de forma estridente ou grosseira, mas de forma gentil. O Inferno de Dante – mas, atualmente conseguimos resolver estas coisas muito melhor". Um oficial xinga os bebês internos torturados: "Calem a boca! Calem a boca! Seus sujeitos barulhentos, seus malditos pedaços ensanguentados de Terra". E Bion continua:

> *Mas eles não se calaram. E não vão se calar. E ainda as vozes admoestadoras ecoavam em resposta aos sofredores da consternação, da depressão, e da ansiedade. "Não abandonem a trilha já marcada. Não façam como os psicanalistas. Vocês me ouviram? Sosseguem Tua Consciência Aqui. Não abandonem a Igreja so-*

*frida. Lembrem-se de Simon Magnus.[5] Deixe a Sua mente sozinha. Não mergulhe no inconsciente Papai: Deixe que a Mina de Ouro venha a ti." (p. 143)*

Mais tarde na guerra, quando Bion é de novo intimamente confrontado com a morte, a sua reação interna é a mesma tentativa de negar os "fantasmas" emocionais. Seu estafeta, Sweeting, perde a parte esquerda do tórax e continua implorando a Bion: "Mãe, mãe... você vai escrever para minha mãe, Sr., não vai?" Ao qual Bion responde internamente: "Não, vá pro inferno, não vou! Cale a boca! Você não está percebendo que eu não quero ser perturbado? Estes velhos fantasmas nunca morrem, eles preservam sua juventude magnificamente.... Pois é ... algo que evoca a morte, não é?" (p. 249). Este foi o dia – 8 de agosto[6] – no qual Bion disse que ele "morreu" (p. 265).

A "rede de ameaças aleatórias" claustrofóbica estrangula a inteligência genuína e a realidade emocional. Como Bion formula, "não há escape" para a rede de medos interligados que aprisiona o indivíduo. O sucesso ou o fracasso no interior do sistema não tem nada a ver com coragem; quando foi recomendado para um VC,[7] ele diz: "Eu poderia ter sido indicado do mesmo modo para a Corte Marcial. Tudo dependia de para qual dos lados a pessoa iria fugir" (p. 278). De qualquer modo, o indivíduo pode enredar-se no interior da malha de um suposto-básico. A definição da "inteligência"

---

5 Trata-se de um erro de grafia, pois a referência seria a Simon Magus (ou Simão Mago), um feiticeiro ou mágico de Samaria, que tentou comprar, mediante oferta de dinheiro, o poder dos apóstolos Pedro e João de conferir o Espírito Santo aos fiéis, mediante um toque de mão. Dele advém o termo *simonia*, que designa o tráfego de bens sagrados. [N.T.]

6 Menção à participação de Bion na Batalha de Amiens, da qual conseguiu sobreviver fisicamente, mas não mental e moralmente. [N.T.]

7 Victoria Cross, condecoração militar britânica. [N.T.]

da rede é brilhantemente captada no relato hilário que Bion faz de um oficial do *staff* de Inteligência, perguntando para ele, depois de uma suposta "batalha": "Você percebeu o ponto em que o terreno aluvial mudou para cretáceo?" (p. 138). Então aqui, na autobiografia, surge a sugestão de uma metáfora mente-corpo que se torna mais pronunciada no *Memoir*, no qual diferentes tipos de falsas proteções (cretáceo, como o osso do crânio), para os cérebros ou mentes vulneráveis "aluviais", são retratadas. Desse modo, Bion (1991) alude mais tarde à questão do oficial da Inteligência com um: "Certamente, o solo estava seco e esbranquiçado – será que isto é aquilo que o idiota inteligente chamou de cretáceo? Eu esperei não ter de presenciar a sua mudança para o aluvial" – quer dizer, ver "os cérebros se eviscerando" como no *Memoir* (p. 154). Seu comentário sobre esse sistema "inteligente" é que "nenhum idiota poderia ter classificado a batalha que eu acabara de presenciar".

Inversamente, existe um sistema no qual qualquer inteligência genuína precisa ser esmagada ou expulsa, criando, portanto, aleijões sociais. Na guerra, tal "colapso" está representado pelo "trauma de guerra" – aqueles que não eram mortos e, no entanto, "não sendo suficientemente fortes para sofrer traumas de guerra", simplesmente "se mediocrizavam" em tarefas mais seguras (Bion, 1982, p. 236). Fora da guerra, existem figuras como o trágico Hirst, que era o diretor da escola preparatória, cuja esposa foi internada num asilo de loucos logo depois de eles terem se casado, vítima de uma intimidação sexual que levou o pubescente e "masturbador" Bion a precaver-se obsessivamente com "os primeiros sinais de insanidade" (p. 78), e a criança Bion a ter medos (e, de fato, a ter ameaças concretas de ser expulso, como "Adão e Eva do Jardim do Éden – por Deus ou algum arcanjo com a sua espada flamejante" (p. 46). Nas palavras de seu próprio pai: "numa guerra justa é preciso lutar com mãos limpas" (p. 109).

O Jardim do Éden da infância de Bion era a Índia, cujas cores negras e douradas tinham superpostas a elas a imagem de uma "colina verdejante", associada com o colo de sua mãe enquanto ele, junto com sua irmã, cantava "Existe uma colina verdejante ao longe",[8] ambos acompanhados pela mãe tocando acordeom:

> *A paisagem crestada da Índia deve ter drenado todo o seu verde em direção àquela colina, a qual sustentava a muralha rodeando a cidade como uma coroa em cujo interior existiam minúsculas cúspides e torres amontoadas contra os inimigos "de fora".*

A imagem da mãe-colina possui certa ambiguidade que intrigava a pequena criança: "Demorou muito tempo para que eu percebesse que o infeliz poeta queria dizer que a cidade não possuía uma muralha de proteção" (p. 9). Isso seria seguro ou não? Será que as crianças estão colocadas dentro ou "fora" dela – em que grau elas têm ou não essa proteção? De início, o colo materno era sentido como "cálido e seguro", mas subitamente passava a "gélido e assustador". Sua mãe também ficava associada com chapéus lascivos, como aquele que possuía cachos de uva e que lhe garantiam o título de "mulher devassa" já que ela o usava na igreja (p. 15); ou o "chapéu em forma de bolo" que corresponde à última imagem que Wilfred tivera dela, balançando para cima e para baixo da linha da cerca viva, quando ela o abandonou na sua escola preparatória (p. 33).

---

8 Frase inicial de uma canção infantil chamada "Green Hill", composta em 1878 por George Stebbins e Cecil Alexander e cuja primeira estrofe diz: "There is a Green Hill / Outside a city wall / Where our dear Lord was crucified / Who died to safe us all". [N.T.]

34    LEMBRANDO

A dualidade é parte do sistema *Big Brother* ao qual todos pareciam estar desafortunadamente sujeitos: foi ela que o abandonou, ou ele a ela? Em que sentido ela mesma "se pervertera"? Malgrado a criança conseguisse ler seus sentimentos no rosto dela ("Eu sentia que ela estava rindo por dentro"), havia um embargo não admitido sobre qualquer expressão de sentimento genuíno que tornassem suas emoções incontroláveis. Portanto, naquele período em que ele estava prestes a ser enviado para a escola na Inglaterra:

> *Minha mãe simplesmente acariciou a minha face e devaneou sem temor, mas com tristeza. Eu não aguentei.*
>
> *"Mã-ê! Você não está triste, está?"*
>
> *"Triste?", ela responde rindo. "Claro que não! Porque eu estaria triste?"*
>
> *Bem, por que ela estaria triste? Eu não conseguia imaginar. Era ridículo. Triste? Claro que não! (p. 21)*

A frase-chave é: "Eu não conseguia imaginar". Onde não há linguagem que não confronte a emoção, o pensamento é inviável. Ao considerar seus próprios sentimentos como expatriados, a mãe torna-se incapaz de conter e responder aos sentimentos da criança. O problema no relacionamento com seu pai é diferente, na medida em que ele simplesmente amava "sua imagem" projetada nas crianças e não as crianças em si mesmas; ele, portanto, estava ainda mais alienado da realidade. A mãe "sabia que tinha dois fedelhos irritantes e aceitava esse fato; meu pai ressentia-se com amargor da ameaça de qualquer realidade que colocasse em risco a sua ficção". Mas havia uma semelhança, no sentido de que a não comunicação na qual estava baseada sugere uma suspeita de traição, o mesmo sentimento cálido-gélido. Numa ocasião, seu pai "me acolheu bondosa e pacientemente no seu colo" enquanto extraiu dele uma espécie de confissão sobre por que tinha batido na sua irmã. Tão logo a confissão foi extraída, "a tempestade irrompeu" e o garoto apanhou, de modo que o resultado não foi tanto a dor, mas muito mais um espaço vazio: "'Meu Deus, isso não!' Eu 'me senti órfão de palavras ou de qualquer amparo mental'" (p. 11). A surra, ou melhor, a traição, está na gênese do *Arf Arfer*, o Deus/Pai que induz um terror inimaginável.

O problema da supressão da realidade emocional adquiriu uma expressão linguística; ou melhor, Bion consegue expressar de que modo conseguia fugir dessa realidade: como o "inominável" e o "inimaginável" conseguiam se articular. A criança murmura a oração noturna "Piedade minha Simples-Cidade"[9] com seus olhos "fixados" na corrente do relógio do seu pai (p. 13), como que tomado pelo mistério da sexualidade resplandecente do pai, a qual também estava presente na "Eletri-Cidade" do trem,[10] a qual, por sua vez, foi correlacionada, linguística e mentalmente, pela criança, com a Cidade imaginária na Colina Verdejante, sugerindo, portanto, o vínculo masculino e feminino que ele tentava estabelecer na sua mente. No entanto, seu pai, em vez de ajudar o filho a transformar sua fantasia através do pensamento, passou a negar como sinal de estupidez a linguagem metafórica que fazia com que a criança perguntasse se "A Cidade-Elétrica" era "verde como a outra". Em si mesmo isso parece corresponder à negação da sexualidade imposta por uma "rede de ameaça", a qual era reforçada pelos padrões

---

9 "*Pity my Simply City*": a mente infantil "escuta" *simples cidade* em vez de *simplicidade*, num trecho da canção infantil "Gentle Jesus, Meek and Mild", de Charles Wesley: "Gentle Jesus, meek and mild / Look upon a little child / Pity my simplicity / Suffer me to come to Thee". [N.T.]

10 Referência a um episódio ocorrido na Índia, no qual o trem elétrico que ele ganhara de aniversário não funcionou, o que causou uma grande frustração no menino (*vide* adiante). [N.T.]

36 LEMBRANDO

puritanos particularmente rígidos do seu lar – associado, ao que parece, com a ambivalência a respeito da identidade anglo-indiana da mãe e com o *background* missionário de seu pai. Os pais de Wilfred tiveram muitas dificuldades e sofreram algum sacrifício para incentivar ideias educativas e encaixar os brinquedos em seus devidos trilhos (por exemplo, dar-lhe de presente um trem elétrico); mas eles tinham "temores de que eu pudesse 'inventar ideias' se viesse a ter contato com qualquer tipo de 'superstição pagã' que diferisse da crença purista e sem mácula de nossos antepassados puritanos" (p. 15). O lar era organizado de forma a opor-se ao tipo de sexualidade implicada em "ter ideias próprias" – o casamento dos sexos, culturas, sonho e vigília, fato e metáfora. Wilfred aprende a não fazer perguntas, a manter a boca fechada, a tornar-se adepto do mentir, do fingir uma aparência. Tudo porque o bom comportamento superficial, ou "não mentir", é, de fato, uma "mentira da alma" num nível profundo, em que Wilfred se sente muito culpado e seu pai muito furioso quando, durante o episódio do arranjo floral, ele insiste que não mentia quando reivindicava essa imagem de sua mãe como produzida totalmente por ele (pp. 12, 34).[11]

Entrementes, a sexualidade da criança desenvolvia-se ilicitamente, por assim dizer, na sua relação com sua mãe, que era em parte "uma mulher devassa", com um amor que era mais forte do que seu orgulho. Era como se a força secreta do sangue indiano da mãe fosse uma chave para a sexualidade secreta de seus pais e também ao protótipo da guerra sadomasoquista entre macho e fêmea, na qual o conceito de masculinidade de Wilfred parece ter-se baseado para desenvolver-se antiteticamente em relação ao de seu pai. O pai era não só o "brilhante engenheiro", como um "notório Atirador de Festivais", um caçador bem-sucedido, e o conflito

---

11 Referência a um episódio da infância de Bion, em que ele abordou o pai com orgulho para lhe mostrar um arranjo floral que fizera, mas, suspeitosamente, passou a insistir que não estava mentindo. [N.T.]

entre pai e filho fica resumido no dia de um Festival de Caça que coincide com o dia de um aniversário de Wilfred no qual ele ganhara um trem elétrico. Essa combinação sugere uma semelhança parental de fazer com que a criança trilhasse as pegadas de seu pai. No entanto, o trem foi um fracasso, o que não só desaponta, como humilha o pai (da mesma forma que mais tarde ele se sentiu humilhado quando Wilfred foi rejeitado pelo Exército); mais ainda, ele fica enraivecido quando Wilfred não se mostra identificado com seus métodos científicos de consertar o trem, preferindo a superstição do funcionário indiano que lambuza o trem com graxa e o leva para derreter no sol. O resultado é que "*Arf Arfer*, com suas grandes asas negras batendo, acaba por tampar o sol" (p. 17).

Igualmente, na caçada, a criança identifica-se com a caça, e não com o caçador. À noite ela torna-se presa da tigresa cujo companheiro tinha sido morto e, assustada, em vez de tornar-se virtuosa por meio dos contos do Motim Indiano,[12] sente-se "um pequeno fedelho" passível de morrer de pavor, como o hindu que caiu morto quando confrontado pelo "NickelSehn"[13] da Raça Dominante. Mediante um processo paralelo, sua irmã com o seu papagaio de olhos arregalados tornou-se também um tormento noturno: "*Arf Arfer* chegou! Com seus grandes olhos arregalados e seu semblante brilhante pintado" (pp. 27-29). As implicações dessas redes de imagens são ainda mais ampliadas no *Memoir*, quando o gato atormentado no episódio da caça da marmota volta-se contra os seus perseguidores nos seus sonhos tornando-se o Grande Gato Rá, um "Tigre, tigre brilhante queimando / Nas florestas da noite" (Bion,

---

12 A Indian Mutiny foi uma rebelião indiana contra o domínio britânico, iniciada pelos síparos, em 1857, na cidade de Meerut. [N.T.]

13 Jogo de palavras e inversão de papéis entre um inglês de nome "Nicholson" e a pronúncia desse nome por parte de um indiano (Nickel Sehn) – tudo isso entremeado com projeções cruzadas do medo em relação à retaliação da tigresa. [N.T.]

38 LEMBRANDO

1991, p. 441).[14] O Gato é Rá, diferentemente de Raj[15] e em oposição a *Arf.* Na infância de Bion, a arma brandida pelos grandes caçadores brancos recebe uma resposta sinistra na imagem do deus indiano esculpido que Wilfred chegou a ver em Gwalior:[16] "o negro mais intenso e proibitivo, pois o sol brilhante tornava as sombras tão duras. Eu tinha medo. Seria o governador indiano desse tipo? Eu não queria permanecer mais em Gwalior" (Bion, 1982, p. 32).

Mais tarde, a imagem deste ídolo negro ao sol é ecoada quando Bion lança um olhar fixo numa metralhadora Lewis também silenciosa ao sol, transpirando com terror, no seu primeiro confronto com um tanque da Primeira Guerra Mundial escarranchadamente colocado na estrada (pp. 201, 115). E a relação entre os sexos, como aquela relação entre as culturas, assemelha-se a um tipo de armadilha na qual é difícil distinguir quem está prendendo, seduzindo, ou caçando quem. A criança Wilfred recorre, alternativamente, a "serpentear como" a locomotiva, em vez de brincar com ela: "Antes que eu tivesse tempo para pensar eu estava correndo em disparada ... o Demônio tinha tomado conta de mim" (p. 29). É um tipo de identificação que, novamente, ocupa o lugar do pensamento: é uma ação que não permite "tempo para pensar". Ele sente a Índia "um lugar maravilhoso para brincar com trens", encenando uma versão da "engenharia" do seu pai a qual inevitavelmente condensa

---

14 A Gata Tibs, que fora perseguida por Bion de dia, ressurge no sonho como Tigre "evocando a famosa poesia de William Blake "The Tiger" (de 1794) ou como uma "pussy cat", ou seja, como uma gatinha de estimação desmoralizada (já que "pussy" significa também orgão genital feminino). No *Livro dos Mortos* no Egito, o Deus do Sol Rá toma a forma de um gato para matar a serpente Apep. [N.T.]

15 Raj significa "realeza" ou "reino" em sânscrito ou hindu. [N.T.]

16 Gwalior foi a capital de inverno do estado de Madhya Bharat, que mais tarde tornou-se uma parte do estado maior de Madhya Pradesh. Antes da independência, Gwalior permaneceu um estado principesco da British Raj, com Scindias como o governante local. [N.T.]

o *Arf Arfer* e a vingança: "A quem pertenceria aquele grito?" (pp. 22-37).[17]

A reação imediata de Wilfred ao abandono por parte de sua mãe no *playground* da escola preparatória permanece "entorpecida e perplexa". E novamente, antes que tivesse "tempo para pensar", ele é imediatamente forçado a tomar partido: entrar nas disputas entre grupos escolares rivais e declarar a sua escolha por A ou por B (p. 33). Esses eventos (ou evento) estabeleceram o padrão para a sua vida escolar. Sua mãe torna-se uma figura que é, por assim dizer, impensável no contexto da escola – do mesmo modo como a Índia, com a riqueza de significado de um Jardim do Éden. Desse modo, ele se recusa a levar para escola os chocolates que ela oferece numa lata de Xarope Dourado[18] ("o continente, naqueles dias indianos, para muitos dos nossos luxos"); ele não gostava de ser lembrado da existência de sua mãe feita por Mrs. Rhodes; nesta altura, a dor do afastamento de casa já era intolerável. Ele renuncia clamar por um hino "*Summer suns are glowing*",[19] que está associado com a Índia e com os ranúnculos amarelos[20] que lembram a sua mãe, quando ele se sente humilhado por sua professora Miss Good (p. 41).

---

17 Referência a dois episódios de sua infância: em um, seu dedo ficou preso numa espingardinha de chumbo; no outro, ele acordou gritando de um pesadelo em que estava sendo atacado por um papagaio de olho arregalado. [N.T.]

18 O Golden Syrup é um xarope popular na Inglaterra, feito de caldo de cana evaporado, de sabor queimado e cor dourada. [N.T.]

19 "Os sóis de verão estão brilhando" é um hino religioso composto em 1871 por William Walsham How. [N.T.]

20 Plantas da família das ranunculáceas de folhas simples ou lobadas, em geral amarelas, que Bion costumava oferecer à sua mãe, em especial num momento em que se sentiu incompreendido por uma professora. Neste episódio, a mãe parece ter acolhido sua angústia, já que ele menciona a brincadeira que ela fez: invocando o sentido literal da palavra (em inglês, *buttercup*, ou *butter* = manteiga e *cup* = taça), ela aproximou a planta de seu queixo e, dizendo que ele ficara amarelo, concluiu que ele gostava de manteiga. [N.T.]

40 LEMBRANDO

Alguns anos mais tarde, o adolescente Bion passa a ser tocado por um "sentimento de perda" – um sentido que, anteriormente, teria sido impensável e insensível, como sentir o afastamento de casa sem "anestesia" (p. 115). Ele adquire este contato emocional mediante seu relacionamento com Colman, um professor que ele admirava e que poderia trazer conforto a ele "não em função de qualquer coisa que ele dissesse, mas em função daquilo que ele era". A integridade de Colman fica refletida no tipo diferente de patriotismo que ele oferece a Wilfred por meio de suas explorações da paisagem dos Fens, a Inglaterra da Catedral de Ely e Hereward the Wake:[21] "Eu estava arrebentado, raivoso, em relação a um passado tão preenchido de glórias que isso tanto estimulava quanto impunha uma influência opressiva[22] nas minhas ambições iniciais" (p. 97). O sentido de perda, se bem que sentido há pouco tempo, deriva-se, ele sabe, de uma época anterior à da guerra. Como o significado de uma mãe que ele perdera, este sentimento de perda parece estar associado a um conhecimento da impotência de estabelecer contato emocional com as riquezas passadas das civilizações: aquela Inglaterra sobre a qual vale a pena sentir-se patriota; a Índia; ou Virgílio e Homero, por quem um dos seus professores possuía uma paixão genuína, uma rara qualidade. No entanto, a consciência de um passado de glórias, a rica herança dos pais pioneiros é – como o sexo – frustrante, pois não era cultivado verdadeiramente pela sociedade; esta "estimulava" e ao mesmo tempo "impunha uma influência opressiva". O próprio Colman sofria

---

21 As Fenlands eram regiões pantanosas no leste da Inglaterra. A Catedral de Ely é uma magnífica igreja normanda em Cambridgeshire que homenageia a Trindade Una e Santa. Hereward the Wake (*c*. 1035-1072) foi um líder da resistência à conquista normanda da Inglaterra: seu nome é uma composição de *here* = exército + *weard* = guarda; o epíteto "the Wake", surgido no século XIV, parece significar "o vigilante". [N.T.]

22 *Dead hand* é uma expressão inglesa que designa a influência opressiva e perene de eventos passados. [N.T.]

dores de cabeça incapacitantes que o levavam "entorpecido e quase cambaleante" para fora da classe – não exatamente para o "manicômio" ou a um estado de "trauma de guerra", mas, com certeza, a algo dessa natureza (p. 100).

O próprio Bion fazia todo esforço para evitar essa dor e frustração; ao longo das suas jornadas escolares, esquivava-se de aprender qualquer coisa em razão de uma espécie de pavor inominável em relação ao afastamento de casa. Ocorreu, por exemplo, sua repulsa atrevida do professor de línguas clássicas que possuía uma paixão genuína por sua área, mas que se entediava e intrigava pela recusa de Wilfred de se engajar no aprendizado com qualquer entusiasmo ou comprometimento emocional. Bion, que tinha muito êxito em esportes que não envolvessem "objetos duros como um bastão", diz que ele chegava quase a participar do jogo "pelo jogo em si", mas não conseguia "trabalhar pelo gosto de trabalhar" (p. 93). No entanto, na autobiografia, existe uma descrição-chave de uma Corrida que parece simbolizar uma competição contra si próprio: uma tentativa de ganhar a qualquer custo. O único oponente de Bion na competição era um atleta queridinho do professor de línguas clássicas e que estava, portanto, associado com o tipo de conhecimento do qual Bion não sentia quaisquer ciúmes ou inveja, mas que o aterrorizava: o tipo de conhecimento que estimulava raízes emocionais e despertava "ambições elementares". A natureza sinistra da Corrida, como ele a descreve, e seu terror em relação ao seu oponente expressam seu próprio esforço em abafar (e opor-se a) qualquer atividade que se aproximasse muito de um envolvimento emocional: ele corria não pelo gosto da corrida, mas de modo a provar o seu autodomínio preenchendo a categoria de "vitorioso" (pp. 94-97).

A natureza genérica dos jogos escolares era um "prelúdio para a guerra"; e a Corrida demonstra que isso se aplicava não somente para jogos coletivos. Igualmente, Wilfred era um "aliado recrutado" em relação ao "clima de guerra" demonstrado pelos jovens Rhodes e Hamilton em relação às suas famílias. Igualmente, ele aprendeu a tornar-se um adepto do "mentir" em relação ao espírito geral belicoso da moral ou da religião. Ele descreve como o garotinho "metralhava projéteis morais" do tipo "eu não fiz nada", antes que os adultos tivessem tempo de preparar uma acusação; o adulto então "metralhava um perdão igualmente polivalente" (p. 48). O "tom moral elevado" da escola ficava preservado mediante uma supervisão cuidadosa de "uma gigantesca panela de pressão sexual" – através dos "figurões" – dois ou três professores de "impecável integridade", os figurões poderiam "entrar em ação" ao "gastar só munição leve na forma de uma preleção sexual afável" (pp. 77-99). Os "Encontros de Rezas" eram outra forma de evasão com ares lúdicos ("Price entrou em cena para rebater primeiro..."), e Wilfred flutuava para dentro e para fora desses encontros, continuamente desapontado com a eficácia da religião como reguladora dos desejos sexuais.

Fora da própria escola, os seus dois lares alternativos principais eram as casas dos Rhodes e dos Hamilton. Com os Rhodes, ele parecia encontrar um tipo de estado de guerra pré-fabricado na atitude de grosseria animal do fazendeiro em relação aos "fatos da vida", que só era interrompida pela figura de Kathleen, considerada pelos garotos como "desmiolada", mas, por Bion, como encarnação da coragem genuína, na medida em que era capaz de expressar a verdade que não podia ser falada. Ele admite, no entanto, que não tinha a coragem de apaixonar-se por ela, mas somente de apaixonar-se "do meu jeito ... desde que não me custasse muito" (p. 62). Na casa dos Hamilton, a vida era mais refinada, de modo que os garotos precisavam inventar jogos que pudessem representar temas de destruição do corpo da mãe ou de fazer incursões nos esconderijos secretos dela. Tais jogos são a caça da marmota (recontado no *Memoir*), os soldados de brinquedo e as escavações de trincheiras na horta: "experiências explosivas com assuntos de guerra, aeronáutica e culinária" (como a maquete de um aeroplano prefigurando o tanque que de fato existiu na guerra). No meio disso, Mrs. Hamilton, que era uma espécie de mãe adotiva realmente adorada pelo jovem Wilfred, frequentemente reconhecia que "tinha perdido as estribeiras":

> *A deterioração do senso de humor de Mrs. Hamilton e o aumento da capacidade de ficar em silêncio de Dudley prosseguiam por linhas paralelas, mas, não euclidianas, que enviesavam-se para terminar numa balaustrada de dezoito polegadas entre nós e o jardim, situado uns trinta pés abaixo. (p. 72)*

A adolescência de Bion de modo algum se ressentiu de boas figuras parentais, mas a dualidade que prendia todas elas a uma "rede de ameaças" contribuiu de alguma maneira para sua falha em internalizar um endoesqueleto. As estruturas às quais ele emprestava sua mente eram tão frágeis quanto o aeroplano caseiro, que parecia tão imponente para os meninos e, no entanto, quase os levou à morte.

Como que preenchendo o padrão predestinado estabelecido pelas suas experiências até então, Bion explica que ele "tinha se oferecido para servir nos tanques como se fosse o único modo de penetrar o segredo que os rodeavam". Sua primeira visão de um tanque no Campo de Treinamento evoca medos primitivos sinistros associados com a falsa imagem do corpo da mãe, mais secreto que privado. A descrição lembra a armadilha do tigre de Gwalior, e prefigura os corpos carbonizados da sua tripulação, como mais

44  LEMBRANDO

tarde ele os veria na guerra, pendurados para fora do tanque em chamas como vísceras.

> *Eu vi meu primeiro tanque – ele bloqueava a estrada que conduzia ao campo. O dia estava quente, ensolarado, parado. A forma mecânica esquisita imobilizada e imobilizadora era assustadora da mesma forma que a armadilha primitiva para pegar tigres perto de Gwalior. Eu queria me afastar dali. Um martelar metálico surgiu do seu interior; um soldado saiu e o dia nasceu de novo. (p. 115)*

O martelar de dentro que resultou na emergência de um soldado como parte de um tipo de processo de nascimento ("nasceu de novo") é um exemplo da metáfora recorrente do pintinho eclodindo do ovo: mais tarde, Bion descreve pedaços do tanque a ele aderidos como pedaços de cascas (metálicas ou cretáceas). No *Memoir*, a fuga do tanque em chamas representa o nascimento do próprio pensamento.

Existem outras experiências de pavor inominado durante a guerra, reminiscentes da primeira visão do tanque, quando ele se sentiu sufocado pelo horror e pelo pavor, em relação aos quais "até hoje eu não consigo encontrar palavras" (p. 237). Elas parecem estar associadas com a reemergência dos terrores noturnos da sua infância na Índia, que agora parecem estar sendo atuados na realidade. No início da guerra, ele se manteve "piedosamente ignorante" por meio de um "senso de irrealidade", e dissociado do conhecimento de seu próprio medo – "o qual, para propósitos práticos, é tão bom quanto não ter medo". Suas numerosas escapadas por um fio da morte passaram despercebidas ou como sequências cômicas. Quando o medo começa a surgir, Bion – reconhecendo que está encurralado e não pode fugir ("na medida em que uma tal expressão esteja relacionada com a atividade muscular" [p. 146]) – faz experiências com o "entusiasmo" e a "religião", somente para concluir que estes "encantam" menos do que uma injeção (p. 117). A sua descrição de ter recebido o DSO pela Batalha de Cambrai[23] enfatiza a agonia de um "afastamento de casa", sem anestesia; o contato renovado e, no entanto, a impossibilidade do contato emocional com a sua mãe faz com que ele sinta que tinha "entrado no inferno" e, depois disso, notou uma "mudança" indefinida na sua atitude em relação à guerra (p. 201). O pavor inominado passa a pressionar mais insistentemente a sua imaginação.

Assim, quando retornava para o *front*, viveu um curioso episódio no qual, tirando uma soneca atrás de um banco, ele escuta aquilo que na Inglaterra passaria por uma "conversa de *footing* banal de namorados" entre uma enfermeira e um oficial. Mas para ele, como para Mrs. Hamilton, "os meus nervos devem ter se esgotado, eu estava petrificado com medo". Eles estavam falando a respeito de um oficial ferido que, embora não mortalmente ferido, "introjetava" os ferimentos, devido aos seus delírios de que "os boches estavam na cola dele" e, além do mais (ampliando o inimigo), "a enfermeira estava tentando assassiná-lo". No entanto, parece que, num certo sentido, o delírio do oficial era mais verdadeiro do que a realidade: a enfermeira *estava* tentando assassiná-lo. Bion foi informado mais tarde que ela era "uma sedutora"; é como se ela tivesse se introduzido no interior do seu próprio pesadelo como um protótipo de uma mulher circeana,[24] vingativa ou agressiva, o

---

23 DSO é a condecoração instituída em 1836 pela Rainha Vitória para premiar oficiais que se destacassem por um comando ou por lideranças corajosas durante operações de guerra. A Batalha de Cambrai (20 de novembro a 7 de dezembro de 1917) fez parte da campanha inglesa na Primeira Guerra Mundial. [N.T.]

24 Circe é a feiticeira grega que, com seus poderes, transformou a tripulação de Ulisses em porcos ao dar-lhes uma bebida mágica. [N.T.]

verdadeiro inimigo, oferecendo uma isca e encantando os homens até levá-los à morte: "É isso aí; o oficial morreu de ferimentos ... ou teria sido um trauma de guerra?" (p. 193). Ele morreu de seu sonho no qual ele observava a grama onde se abrira uma cratera que saiu uma mulher que caminhou em sua direção, "até que ele gritou!" Isso é parte de um conjunto de imagens associado com a Tigresa e a sua vingança: existem armadilhas, túmulos-uterinos,[25] falsos nascimentos, fetos aprisionados ou mutilados, num padrão contínuo de recriminação mútua entre "continente" e "contido". O pesadelo é inseparável da própria atitude de Bion em relação ao Tanque, e está na raiz de sua crença de ter falhado em ser um "herói de guerra" no sentido verdadeiro.

Depois disso, Bion ficou mais em contato com o seu próprio medo – por exemplo, quando o Tanque parece se transformar no Tigre: "Eu me vi obstruído por medo, medo que se tornou subitamente agudo na medida em que o motor rugia em direção à vida e, de repente, transformava-se num suave ronronar". O homem produtor de ferramentas, "fiando-se em seus cérebros de modo ambíguo", inventou uma "metralhadora com um crânio mais rijo, o tanque" (p. 246). Mas, "assombrados por fantasmas", Bion e Hauser precisavam observar sem quaisquer esperanças os seus tanques "ronronando ao léu" expostos a uma certa destruição:

> *Todos os quatro floresceram. Chamas duras e brilhantes, como se recortadas em placas de estanho, tremeluziam e morriam, extinguidas pelo sol brilhante. Um tanque, sem qualquer tripulação, lançou-se à frente montando nas costas de outro que estava adiante*

---

25 O termo *womb-graves*, usado por Bion, ecoa o neologismo *womb-tombs*, usado por Beckett (que, como sabemos, fez psicoterapia com Bion) para resumir o destino do ser humano. [N.T.]

> *como se estivesse se preparando para fazer amor: em seguida, parou como se estivesse exaurido. (p. 254)*

Os tanques são tigresas primitivas, ou (numa condição pré--histórica) dinossauros, cuja vingança por suas destruições está no vomitar constante dos corpos calcinados dos homens a partir de um útero destroçado, numa espécie de ritual primitivo sadomasoquista aterrorizante.

Várias vezes, nos estágios posteriores da guerra, Bion tinha a sensação de ser um "rato acossado", a vítima de uma tentativa canhestra de exterminação pelo *Arf Arfer*, o Tigre, o Senhor Gato Todo-Poderoso: "Eu tinha escapado – aparentemente. Quem sabia o que o Senhor Gato Todo-Poderoso podia aprontar durante esta pequena pausa?" (p. 262). Tornou-se claro que o seu medo não era tanto da morte como tal, mas que um pesadelo se tornasse realidade: o medo de tornar-se um animal acossado e sujeito a um feitiço maligno. Em face de uma total desintegração e estilhaçamento da personalidade, canhestramente "surrada a ponto de morrer", ele recorre à exatidão e à precisão matemáticas, usando as "figuras cabalísticas" do compasso e do mapa: "Eu comecei a fazer medições por meio da bússola como um jeito de manter o meu pavor em suspenso" (p. 233, p. 243).

> *Eu registrava isto precisamente por tratar-se do tipo de precisão insensata que usávamos, para dar vida a uma imaginação ilusória. . . . É um alívio muito grande sabermos exatamente onde estamos. Quando você não tem nenhuma ideia onde está, você mesmo passa a ser, como eu descobri, um incrível substituto. (p. 208)*

O seu "entusiasmo topológico" representava outra tentativa de manter o medo em suspenso, de impedir que o medo o engolisse, devorado pelo seu próprio pesadelo: "Observe a Cabeça devorar o seu Rabo",[26] como ele assinala no *Memoir* (p. 119). Bion escreve que, dada a natureza de um Deus vingativo e cruel, o grito de Jesus na cruz[27] podia mais racionalmente ter sido "Meu Deus, meu Deus, por que é que você se lembrou de mim?" Tudo se passa como se, "lembrando" de seu próprio medo, ele subitamente se sentisse lembrado pelo *Arf Arfer* da sua infância, punido pela perda de sua mãe, a qual estava, no entanto, fora do seu controle "fantasmagórico".

Bion encara como se ele próprio já tivesse "morrido" em espírito quando, no lugar absurdamente nomeado de Vale Feliz (em Sequehart),[28] ele e sua tripulação fugiram do tanque, enviando o "crânio" cretáceo para ser destruído sozinho sem os "cérebros" vulneráveis abrigados dentro dele. Uma combinação de "gripe e de álcool" ajudou a salvar a sua vida. No *Memoir*, este episódio torna-se uma descrição de um pensamento inspirado; aqui se trata de uma ação mais primitiva, mais impulsiva: "Antes que soubesse o que estava fazendo, eu já tinha abandonado o assento do condutor" (Bion, 1982, p. 262). De uma maneira estranha, após o período de pavor inominado, ele se torna dissociado da guerra. A ação anterior da infantaria "sonambúlica", que tinha se recusado a abandonar suas trincheiras, mas simplesmente observava os tanques "florescendo", tinha "impressionado minhas reservas

---

26 O Ouroboros é um símbolo da Antiguidade em que uma serpente ou dragão come o seu próprio rabo. Representa a evolução cíclica da autodestrutividade e da autorregeneração, bem como a autonomia plena por se tratar de um ser que se alimenta dos próprios dejetos. Na Bíblia (Revelação, cap. II), há uma referência a essa configuração. [N.T.]

27 "Pai, por que me abandonaste?". [N.T.]

28 Sequehart é uma comuna francesa na região administrativa da Picardia, no departamento de Aisne, que foi capturada em 3 de outubro de 1918, depois de três dias de luta, pelo 5º e o 6º Royal Scots e o 15º Highland Light Infantry. [N.T.]

escondidas de inteligência" (pp. 254-256). O "sonambulismo" fornece um tipo de alternativa, tanto para a desobediência às ordens como para o trauma de guerra. Ele capacita Bion a inventar a técnica que chama "patrulhar a posição do inimigo", por meio de um tanque vazio subindo e descendo até ser atingido. Tudo se passa como se uma parte escondida dele mesmo tentasse manter o seu corpo vivo a despeito de sua "morte" emocional: a morte emocional que ocorrera em função do apelo de Sweeting para Bion mediar a interlocução entre o seu *self* que estava morto e sua mãe: "O Senhor vai escrever para a minha mãe, não vai?" – "E então ele morre. Ou talvez fui eu que morri" (pp. 249-264).

Bion, ao final da guerra, ficou num estado de não ter ideia de onde ele mesmo estava; ele possuía somente, por assim dizer, uma série de referências em mapas e de medições por bússolas, ou seja, "um simulacro quitinoso de um *self*": o grande vazio entre ele mesmo e sua mãe interior. Ele encarou sua sobrevivência como um desastre interno com o qual não estava equipado para lidar e, num certo sentido, passou o resto de sua vida tentando lidar com a sua culpa. A autobiografia factual *The Long Week-End* fica complementada pela fantasia autoanalítica do *A Memoir of the Future*, que revive o passado da infância e da juventude no presente e estimula o crescimento que não podia ocorrer naquele momento em razão da "rede de ameaça" exoesquelética que o manteve escravizado. De fato, um aspecto não menos interessante do *The Long Week-End* é a forma em que ele fornece uma introdução para *A Memoir of the Future*, iluminando algumas das obscuridades de uma vida e de uma linguagem privadas com pontos de referência privados: *Arf Arfer*, a tigresa na noite, a caçada da marmota, o rato encurralado, a criança grávida, o suicídio no pombal, o pássaro da "encefalite", e assim por diante. Tomados em seu conjunto, as autobiografias exterior e interior abordam "a formulação de fenômenos os mais

50   LEMBRANDO

próximos possíveis de númenos": ou seja, fornecendo um mapa da condição humana cuja abstração possui raízes vivas no realismo.

## All My Sins Remembered [29]

"Será que existe algum deserto que seja como uma estadia no meio dos não combatentes?", pergunta Bion, depois de descrever como, na primeira vez após ter se desmobilizado, ele encontra alguém que o "reconhece", num sentido verdadeiro de uma resposta recíproca à sua condição humana: "Bion!", ele exclamou com o tipo de alívio – que foi mútuo – e que deve ter sido experimentado quando Robison Crusoé encontrou Sexta-Feira; como a sombra de um grande rochedo numa terra sedenta (Bion, 1985, p. 52).

"Bion" é alguém que de fato existe. O símile lembra a sua última tripulação do tanque, tropeçando no meio do leito cretáceo na sombra de um tanque de quarenta toneladas, que Bion fora inspirado a converter num protetor de vida, e não em um destruidor. Vinte anos tinham se passado desde então – os anos que antecederam a guerra – e agora era chegado o momento para os próximos vinte. Mas esta não foi a primeira vez no livro que ele mencionou um encontro com "figuras do passado" – quer dizer, da Primeira Guerra Mundial. Quando, em Oxford, ele tinha encontrado "o pobre Major" e logo depois Quainton. Mas não havia contato emocional: o Major "lhe virara as costas" (p. 13), enquanto Quainton e Bion observavam-se mutuamente por um "olhar gélido de olhos, como se um tênue filme nos separasse impedindo aquilo que tinha se tornado um ódio mútuo" (p. 14). No *Memoir*, tais filmes tênues, mas impenetráveis, tornam-se um "diafragma" de desconfianças de diferentes

---

29 Título de uma das autobiografias de Bion, retirado de uma frase de Shakespeare: "Ninfa, que em tuas orações todos os meus pecados possam ser evocados". [N.T.]

partes da personalidade, inspirando um artista como Picasso a criar um quadro usando ambos os lados de uma placa de vidro.

Algumas páginas mais tarde, ouvimos como Bion sempre "manteve um embaçamento dos olhos para safar-se de seus olhos fofoqueiros" (p. 16)[30] – desta vez no contexto de uma indiscrição sexual quando um dos seus velhos professores (e agora colega) tinha inadvertidamente deixado cair uma camisinha no solo e, então, "sorrateiramente fez com que um de seus pés se esgueirasse" para cima dela no intuito de escondê-la. Bion fez com que seus olhos prestes a se fechar com esperteza equivalente indicassem a sua cumplicidade com a mentira compartilhada, mas ao mesmo tempo realçava suas capacidades observacionais diminuídas – os seus "olhos fofoqueiros". Mais tarde, no contexto de sua formação médica, ele se vê "na posição central do imbecil" (p. 37) e, num dado momento, percebe uma agulha (que na realidade era um fio de sutura manchado de sangue) que tinha sido deixada na ferida e se dá conta de que a sua voz – fora de seu controle – passou a chamar a atenção lá na sala da operação para este fato desagradável: "Que voz engraçada! Quem é esta pessoa falando no teatro? Aquele idiota de novo? / 'Senhor, tem uma agulha que foi deixada na ferida.' Que voz estranha. / 'Agulha? Onde?' Já não era mais uma voz engraçada, mas raivosa" (pp. 40-41).

A voz interior surge fora do controle consciente, manifestando-se a despeito do seu medo de parecer louco. Uma parte escondida dele próprio (talvez o Filho do Elefante, detectando uma emergência, passe a fazer uso da sua fonação).[31] O fio provou tanto que ele

---

30 Bion provavelmente forjou essa expressão (em inglês, *tell-tale eyes*) a partir de um conto de Edgard Allan Poe, "The Tell-Tale Heart", publicado em 1843, em que um personagem, torturado pelo "olhar maligno" de um velho, resolve assassiná-lo para livrar-se daqueles "olhos de abutre". [N.T.]

31 Bion (1977) descreve um paciente que gaguejava como que "fazendo uso da minha fonação" (p. 18).

era um "bobo" (p. 43), mas também que seus olhos *embo-becidos*, mas *percrustadores-da-verdade*, revelavam uma sede inata de percepção em relação à reciprocidade no deserto do seu *self* pós-guerra.

Como já sugerido pelo episódio na escola, isso é inseparável da questão da sexualidade, que se torna agora o foco da sua luta para desenvolver a sua "substância" interna, e para descartar "o simulacro quitinoso" de um ser humano que recobria a sua centelha interior de sinceridade após a guerra. Pois "Se eu, como pretendia, fosse uma pessoa de substância, não tinha até então descoberto qualquer substância da qual eu deveria me alegrar de ser composto" (p. 42). A despeito da falta de experiência sexual que ele exalta, todos os encontros e combinações descritas são inerentemente sexuais. Elas abarcam desde a perversidade da acusação de pedofilia na sua escola antiga, ao feliz amor "heterossexual, homossexual e gastronômico" que ele nutria por seus primos (p. 43). Aquilo "explica tudo, com exceção de mim", ele escreve. É claro que nada fica explicado; é somente descrito e, portanto, nos permite traçar o padrão subjacente de relacionamentos, tanto reais como irreais. A sexualidade, como fica mais claro no *Memoir*, aplica-se não somente aos relacionamentos interpessoais (macho-fêmea, menino-homem e crianças-pais etc.), mas a muitos outros tipos de encontros cesurais nos quais uma fusão criativa de vértices é requerida para que o pensamento possa germinar: por exemplo, entre psique-soma, entre feio-bonito ou entre pré e pós-natal. É por essa razão (e não por algo estritamente freudiano) que a sexualidade passa a ser a base do pensamento psicanalítico.

O desenvolvimento da sua sexualidade é, portanto, coextensivo ao desenvolvimento do seu interesse pela psicanálise. Ele começa com a sua necessidade de ajudar "a restaurar as feridas" tanto em relação ao Major quanto a Quainton; a despeito da sua hostilidade mútua submersa, "Eu gostaria de ter podido ajudar [Quainton] como um pequeno jeito de ser grato" pela sua "prestimosidade" em Ypres.[32] Bion reconhecia intuitivamente que a sua salvação pessoal era inseparável da sua necessidade espontânea em ajudar os seus camaradas na guerra, fosse ele capaz ou não de ajudá-los ou eles de serem ajudados. De fato, ele sempre encarou a psicanálise como um relacionamento de assistência mútua, e não um relacionamento de correção moral. Para ele, sempre foram os "trabalhos sujos", como a psicanálise, que "fizeram sentido para mim" (p. 61). Ele "se tornou", mas não "nasceu" psicanalista, ele disse (p. 49): foi uma luta. Felizmente, em contraste com a tentativa de se tornar um poeta, caso você não tenha nascido poeta, isso pelo menos era possível.[33] De qualquer modo, a psicanálise estava sendo feita ao mesmo tempo, e ainda estava na sua "infância tateante" (Bion, 1991, p. 130). Mas, como ele dissera a respeito de sua análise com Melanie Klein (Bion, 1985, p. 68), e em relação a outras formas de sexualidade não amedrontadoras, ela de fato requeria reciprocidade.

Pois depois de oitenta anos de experiência, diz Bion, ele passou a encarar o "pavor sexual" – associado com pesadelos em relação à guerra – como algo "indistinguível do sexo amedrontador" (p. 22), tenha ele acontecido ou não. Um episódio amedrontador desse tipo foi a humilhação resultante da rejeição por uma moça que (a seu ver) o considerou como um glamoroso herói de guerra e, em seguida, percebeu seu engano.

---

32 As Batalhas de Ypres ocorreram entre 22 de abril e 25 de maio de 1915, e nelas as tropas da França, Reino Unido, Austrália e Canadá enfrentaram o Império Alemão. Foi a primeira batalha em que foi utilizado gás mortífero para fins militares. As forças alemãs lançaram gás clorídrico asfixiante contra as tropas aliadas, embora esse fato não tenha sido decisivo para o resultado da batalha. [N.T.]

33 Bion diz aqui que Robert Bridges, o poeta laureado, teve de "descobrir" o fato que os poetas precisam "nascer poetas", e não se tornar poetas.

*Ela me tomou por um herói pré-fabricado (com certifi-
cado de garantia emitido por alguma autoridade), sem
o trabalho cuidadoso de averiguar quem e o que ele era.
Ele se considerou uma pessoa pré-fabricada muito bonita e com certificado de garantia cosmética sem o cui-
dado de perceber, qual diferença, se é que havia, entre
um menino e uma menina, entre uma esposa e uma
menina, entre um esposo e um menino, entre uma esposa e uma mãe ou entre um marido e um pai. (p. 30)*

Tratava-se, desde o começo, de um não relacionamento entre
o seu próprio "adorno de guerra" ("roupa de herói", como ele o
chamou no *Memoir*) e a beleza externa dela. Os seus *selves* internos foram deixados fora da transação. Num pequeno fragmento de diálogo, ele se percebe deixando escapar as palavras "isto
não tem preço" e, em seguida, para explicar a estranheza de sua
observação, "Eu inclinei a cabeça sem falar nada na direção de
seu vestido" (p. 18). Isso deve ter sido uma junção deplorável de
"proliferações ectodérmicas" (para tomarmos emprestada uma
frase do *Memoir*), se é que isso realmente aconteceu – algo que
sugere uma mentira clássica rejeitada. No entanto, quando a sua
hostilidade mais saudável – malgrado rancorosa – emergiu, ela
se esfregou amargamente sobre ele, na medida em que, durante
um bom período de tempo, nenhum relacionamento íntimo genuíno existiu para substituir aquilo e reforçar a sua identidade
real endoesquelética.

Outro episódio análogo, desta vez em conexão com seu movimento em direção a "tornar-se" psicanalista, foi a caricatura de
uma análise que ele teria tido com o Dr. FiP (Senti-lo-no-Passa-
do). Aqui também não havia reciprocidade – nem entre analista
e analisando, nem entre o analisando e seus sentimentos reais.

Ele não conseguia senti-lo no passado; pois "qualquer coisa que eu sentia, eu *sentia* no presente" (p. 42). "*Quais eram seus sentimentos?*", ele pergunta a si próprio, e esse é o ponto no qual ele relata um "glorioso dia de liberdade" com seus primos. Sim, num tal contexto, ele realmente *tinha* sentimentos. A experiência com o Dr. FiP, ou não experiência, revelou-se uma tentativa de sedução descambando num parasitismo mútuo – outro pesadelo de perversidade perpetuado pelo fato de o médico ser "um homem bondoso" que "permitiu [a Bion] acumular uma dívida" (p. 34). Tratava-se de um caso de "Papai não desça até o Inconsciente: permita que a Mina de Ouro suba até você!", como relatado no *The Long Week-End*.[34] Mas isso requeria uma conduta que era *genericamente reconhecida* como não ética (fracionar os honorários) para Bion se dar conta de que tinha sido aprisionado numa falsa situação, outro tanque de aparência respeitável como na guerra. A sua principal contribuição para o aprendizado de Bion por meio da experiência foi clarificar a falsidade da visão de causalidade (perenemente popular) na qual a função da psicanálise é tomada como a de pescar um trauma reprimido do passado, a fim de que ele possa ser rapidamente descartado numa "cura rápida". "Há uma espécie de lógica maluca a respeito disto que era peculiarmente convincente", ele disse (p. 35). Mas, depois da experiência com o Dr. FiP, Bion estava seguro de que "lembrar-se" não é um processo de descarte de lixo, mas, antes, de busca da vida presente do sentimento – "a verdadeira voz do sentimento", como Keats a denomina (a centelha de sinceridade que pode ser soprada e transformar-se em chamas). O passado precisa ser presenti-ficado, como no título do livro 2 do *Memoir*.

---

34 Construção hipotética da criança Bion impregnada de ironia, por sugerir que a obtenção de riquezas materiais, que encontramos casualmente, está isenta do esforço de explorarmos psicanaliticamente nosso inconsciente. [N.T.]

## 56 LEMBRANDO

O padrão subjacente do *Sins*, como de todos os livros auto-biográficos, é, portanto, o estado de guerra entre o *self* real com seu germe potencial de pensamentos, e a máscara que paralisa ou frustra seu crescimento. "Deste estado de guerra não há escapatória", como ele cita diversas vezes no *Memoir*. "O sangue fala: isto é verdadeiro / e aquilo não passa de uma máscara (Harris, "I ask a fresh vision", não publicado).[35] Isso soa simples, até uma *bob-ice*, mas trata-se da chave para toda a história da psicanálise e para qualquer arte-ciência que demande observação interior. No cerne da lembrança de Bion, está o reconhecimento de que "nenhuma quantidade de atestados oficiais pelas mais altas autoridades tem mais utilidade do que uma bandagem de emergência colocada sobre o buraco onde o tórax de Kitching deveria estar" (Bion, 1985, p. 44).[36] O coração de Kitching batendo em retirada da sua vida resume a centelha vital de sinceridade em extinção. Isso e outras metáforas da guerra para a vida mental são recorrentes durante o curso médico de Bion em Londres, onde pela primeira vez (em contraste com a Universidade de Oxford) ele se sentiu em casa e "mais próximo da minha classe" (p. 20). Fora da arena oficial de fazer a corte e de caçar o parceiro, outros tipos de relação sexual estavam acontecendo que eram genuinamente coisas que construíam-a-mente. As oportunidades ocorrem para aprender como distinguir entre uma centelha de sinceridade propiciadora de vida e a falsa carapaça exoesquelética que impedem um relacionamento "sexual" entre "objetos que estimulam o crescimento".[37]

Particularmente vívido é o contraste apresentado por dois dos cirurgiões chefes com quem ele treinou – ambos "brilhantes

---

35 Poema de Roland Harris, pai de Meg Harris Williams, já citado como epígrafe do livro. [N.T.]

36 Nos livros *The Long Week-End* e *A Memoir of the Future*, o nome Kitching foi alterado para Sweeting.

37 Uma frase do autor em *Attention and Interpretation* (Bion, 1970, p. 129).

técnicos de fama mundial", mas com atitudes muitos diferentes em relação ao material humano sobre o qual eles estavam operando. Julian Taylor possuía um brilho técnico insuperável, mas encarava o paciente como se não possuísse qualquer conhecimento consistente de si ou do seu corpo, simplesmente pelo fato de ser ignorante em relação aos diagnósticos médicos. Wilfred Trotter, no entanto, "ouvia com um interesse despretensioso como se as contribuições dos pacientes fluíssem da própria fonte do conhecimento. Levei anos de experiência antes que conseguisse reconhecer que isso de fato acontecia" (p. 38). Trotter, pelo fato de conseguir estar em contato com a sua própria ignorância em relação a cada paciente como um indivíduo, era capaz de estabelecer um vínculo intuitivo direto com o cerne de suas personalidades, a sua humanidade inata. Ele podia aprender a partir do paciente, e não meramente distribuir conhecimentos de um especialista. Isso queria dizer que seus enxertos de pele "pegavam", não eram rejeitados – eles eram semeados não somente com agulhas (costurados), mas com algum tipo de poção de crescimento inefável como o *moly*[38] em Shakespeare; enquanto os enxertos aplicados mecanicamente por Taylor eram "rejeitados" a despeito de sua maestria técnica. A cirurgia de Taylor era do tipo de casamento que Bion sumariza nos seguintes termos, referindo-se ao caso de uma mãe solitária que tinha sido abandonada pelo marido: "A operação tinha sido adequada e executada com tecnicidade. Eles se casaram na Igreja, mas o casamento não pegou, portanto, agora... nada de cama" (p. 38).

Trotter, em contraste, sabia das coisas em relação a um "casamento de fato" na arena cirúrgica. Ele sabia como fazer contato com a "fonte de conhecimentos" platônica que residia naquele paciente particular; do mesmo modo que, anos mais tarde, Bion percebeu

---

38 Erva fabulosa que, desde a Grécia, era vista como possuidora de propriedades mágicas. Na história da medicina, admite-se possuir propriedades anticolinérgicas, que geram sintomas como amnésia, alucinações e delírios. [N.T.]

58  LEMBRANDO

que o paciente analítico era a única pessoa que poderia fornecer uma real ajuda ao analista.[39] A equivalência do sangue com o espírito vital torna-se, assim, mais que uma metáfora. Bion aprendeu a partir da observação desses homens sobre a comunicação necessária a ser estabelecida entre Soma e Psique, como descrito no *Memoir*. "Anos de experiências" mais tarde, ele compreendeu a natureza daquilo que, naquela época, aprendera embrionicamente.

A influência primária de Trotter sobre Bion não foi a partir de *Instincts of the Herd in Peace and War* (Trotter, 1916),[40] mas sua evocação de amor no seu aluno – o oposto da pedofilia, da qual o próprio Bion tinha sido acusado quando era um jovem professor. Tratava-se do tipo de amor por um professor inspirado que se metamorfoseia nas qualidades de um objeto interno, engendrando dessa forma esperança e autorrespeito. Bion "amava" Trotter, que é mencionado no mesmo patamar que os seus primos; ao referir-se ao episódio do fio cirúrgico, ele escreve: "Trotter possivelmente não tinha como saber que eu era um boboca, mas ele tinha a capacidade de respeitar meus sentimentos. Eu amava Marguerite, Herbert e Arnold e Trotter, apesar de eu nunca ter ousado admitir" (p. 43). "Admitir" amor requereria um avanço ainda maior na coragem genuína (como a admiração de Wilfred por Kathleen no *The Long Week-End*), no entanto, as sementes tinham sido lançadas. O entorno educacional sensível oferecido por Trotter (em contraste com aquele do exército) tinha permitido a Bion a coragem de se expressar, por mais bobocamente enganado (mas não inteiramente)

---

39 Como ele coloca em *Taming Wild Thoughts*, o analisando é "ao mesmo tempo a pessoa que se apresenta para ser ajudado e a pessoa em relação a quem ou de quem nós esperamos a mais poderosa ajuda que jamais poderíamos encontrar" (Bion, 1997, p. 35).

40 Este livro, que teve grande influência nos estudos das dinâmicas grupais e da psicologia das multidões, baseado nas ideias de Gustave LeBon, foi utilizado como referência por Bion em seu livro *Experiência com grupos* (1961). [N.T.]

que ele pudesse ter estado na sua interpretação das evidências de seus olhos fofoqueiros. Não passava de um fio de sutura tingido de sangue, não se tratava de uma agulha na ferida, mas quem poderia ter certeza até o momento em que ela foi retirada? Se "até Trotter se enganava" (p. 40), então ele, Bion, também podia se enganar sem cair numa autocomiseração conformista puritana ou num abismo não conformista.

Como nos episódios das famílias Rhodes e Hamilton no *The Long Week-End,* esse era um aspecto da educação "que não estava no programa", e isso contribuiu para sua habilidade futura de tornar-se tanto uma pessoa que pudesse amar quanto um psicanalista. A maneira de Trotter lidar com seus pacientes ajudou Bion (de uma maneira que ele mesmo não conseguira mobilizar para ajudar Quainton) a curar seus pesadelos de guerras:

> *Lembro-me do quase horror com o qual eu o observei penetrar uma calota craniana com poderosos golpes de uma marreta sobre o buril que ele segurava. O seu controle era de tal ordem que ele conseguia penetrar o osso duro e parar o buril de modo a não machucar o tecido mole do cérebro subjacente. (p. 37)*

Esse relato reescreve a memória dos monstros esmagadores--de-crânios (do *Memoir)* e seus progenitores, os tanques e os atiradores de tocaia ("Espero que consigamos um belo tiro através da testa de modo que o cérebro se eviscere para trás..."). Trotter podia julgar a fronteira entre o aluviano e o cretáceo. Portanto, para Bion, as "mãos fortes de Trotter [possuíam] uma beleza que não podia, por mais que a nossa imaginação fizesse malabarismos, ser encarada como produto da habilidade cosmética de uma manicure" (Bion, 1985, p. 37). Em função da maneira enérgica mas sensível

60 LEMBRANDO

com que Trotter "penetrava o crânio", Bion aprende (ou reaprende) aquilo que constitui a beleza real: diferentemente de uma "pessoa com uma beleza cosmeticamente garantida" que é confundida com um parceiro sexual adequado, ou as "qualificações cosméticas" da bela anestesista responsável pela morte de uma criança na mesa de operação (p. 40), ou a grotesca caricatura sexual dos tanques "se agarrando um no outro como se em preparação para fazer amor" no *The Long Week-End*.

Trotter podia ser "um homem de pavio curto" quando metido em uma operação difícil, pois ele se preocupava com o resultado (p. 40), enquanto o Dr. FiP "era uma pessoa bondosa", mas que não tinha interesse em cultivar a vida, mas somente em obter conforto. Este tipo de contraste atentamente observado ensinou a Bion – ou o lembrou – que são as experiências turbulentas de Amor, Ódio e Conhecimento que são reais (menos AOC são estados cosméticos). No entanto, em outro sentido, mediante o ato da narrativa, Bion estava revelando a si mesmo que aquilo que Trotter o ensinou sobre o respeito pela vida só foi plenamente aprendido algum tempo após a demonstração cirúrgica, quando era "Muito tarde, muito tarde" (como o pássaro cuco cantava na sua infância na Índia).[41] Ele se pergunta:

> *Você acha, Sr. Trotter, que eu preciso saber daquilo que estou falando? O Sr. acha que eu deveria encontrar uma moça que quisesse se casar comigo? E ser mãe de nossos filhos? Ela poderia pensar que eu era um herói, no entanto, ela poderia não pensar, e aí isso não me agrada muito. (p. 39)*

---

41 *Brainfever bird* – pássaro diurno do tipo falcão-cuco, da Índia e do Sri Lanka, que tem um canto monótono e perturbadoramente persistente, lembrando o som de "*too late, too late*". [N.T.]

As linhas acima são uma espécie de sonho; elas surgem após uma referência a *Hamlet*: "Mas, se eu for dormir, que sonhos surgirão? E quem me garante que eles são somente sonhos?" Em *Hamlet*, é Ofélia que Hamlet acusa de beleza cosmética com intenções de enganar e criar armadilha. Agora Bion se pergunta se sua autobiografia é "Verdade? Ou uma ficção cosmeticamente aceita?" (p. 38). Há algo mais que ele precisa internamente questionar a respeito do modo de lembrar-se, mantendo na retaguarda da sua mente as palavras de Hamlet após a fala *"To be or not to be"* (Ser ou não ser), quando Ofélia entra nas suas ruminações: "Ninfa, que todos os meus pecados possam ser evocados em tuas orações" (citado por Bion, 1985, p. 70).

Pois, a despeito das lições de Trotter sobre o amor sexual, Bion sentiu que tinha abandonado sua primeira esposa, Betty, quando em 1939 ele estupidamente obedeceu à velha chamada para a "glória" (p. 44) e a deixou, perto do momento do parto, para ir à guerra. O rememorar sua experiência com Trotter o leva diretamente aos pensamentos sobre Betty: "Eu não sabia", ele diz, "que ela iria morrer no parto": "Eu não sabia, não, mas eu deveria ter sabido?" (p. 39). Por quais motivos ele deveria ter sabido? Nenhum observador externo poderia tê-lo acusado de qualquer responsabilidade ou falta de previsão – pelo contrário: existia inclusive um fundo de oito mil libras para Betty no caso de ele morrer na guerra num ato de bravura. E, de fato, nós podemos ver que, em termos externos, ele tentou não ser transferido para o estrangeiro. Mas a sua internalização de Trotter, com a sua aguda sensibilidade somática em relação aos cérebros delicados alojados no interior do crânio, fez que ele se acusasse a si mesmo. Em algum nível mais profundo, ele podia detectar aquilo que era invisível aos outros olhares – alguma falsificação despertada pelos tambores de guerra e a obsessão com o *"couvre-toi de gloire"*, um remanescente vestigial do desejo de "ganhar", como na Corrida na Escola. Este Bebê Elefante de uma vez por todas se conteve em elaborar perguntas para si próprio – a única pessoa que poderia respondê-las.

Tendo em vista aquilo que ele experimentou numa espécie de tapeação não intencional interna, em retrospecto ele condenou as suas aparentemente precauções responsáveis ao afastar-se, como uma "ficção cosmeticamente aceitável". Não era só o fato de que ele precisava estar lá, era o fato de que, internamente, ele estava marchando no ritmo errado, surdo aos seus próprios sentimentos:

> *O que matou Betty e quase matou o seu bebê? Má--formação física? Obstetrícia incompetente? Autoridades empedernidas ou indiferentes? Ou as revelações da natureza irreal do tambor masculino que estava sendo batido tão fragorosamente por meio da partida do seu esposo? Ou será que existia alguma coisa falsa a respeito das entonações psiquiátricas, as ondas de pressões psiquiátricas que estavam sendo estabelecidas? Como um condutor sensível poderia sentir se Deus ou o Destino ou o Demônio o condenaram a uma eternidade de uma orquestra surda, maliciosa e que manejasse os instrumentos feitos armas? (p. 62)*

Ele sabia – mas ele só se apossou de seu conhecimento posteriormente. E aquilo que aprendeu não era a verdade literal, que naquele momento era então irrelevante, mas a verdade interna, as "marcas feitas agora" na sua consciência. O véu caiu de novo sobre os seus olhos fofoqueiros, desta vez para esconder a verdade dele mesmo, e não dos outros. Mas a cobertura era uma bandagem--de-campanha cosmética. A imagem de Betty enquanto as tropas partiam, "com a face esbranquiçada" mesmo em contraste com a Bournemouth coberta de neve, passou a assombrá-lo como a imagem de Sweeting com o sangue jorrando do seu coração. "O senhor escreve para a minha mãe" se transmuta em "Betty teve de fazer a sua última jornada por conta própria" (p. 60).

Ele conseguiu mais tarde um alívio a partir da aparente desconsideração, por parte de Melanie Klein, em relação à glória do DSO, símbolo da "cobertura cosmética para a covardia" que obscureceu o seu conhecimento dos seus próprios sentimentos verdadeiros (p. 67). Diferentemente de John Rickman, o seu segundo analista (cujas interpretações pelo menos "o lembravam da vida real" [p. 46]), ela não tinha interesse em nenhum clima de guerra que não fosse de qualidade interior e era "não facilmente induzida para longe da sua percepção de um universo que não está sujeito às necessidades e desejos dos seres humanos" – quer dizer, ela possuía vigoroso senso de realidade e não se deixava impressionar por condecorações. A narrativa de Bion termina com um relato de como ele foi forçado, mediante uma centelha cruel de sinceridade, a superar a tentação covarde de permanecer contente com sua vida pós-guerra – casa de campo, criança, babá, ônibus e, inclusive, os ganhos advindos de sua prática psicanalítica. Isso representou uma "ótima mudança da Terceira Batalha de Wipers"[42] (para tomar emprestado sua frase do *Memoir* [Bion, 1991, p. 577]). O episódio conclusivo, no qual ele se recusa a tomar nos braços a sua filha que não estava querendo engatinhar até ele, pictorializa o seu próprio reconhecimento emocional doloroso da necessidade de encontrar

---

42 Esta batalha, na realidade, não é a terceira Batalha de Wipers, e sim a terceira Batalha de Ypres. Em julho de 1917, o marechal de campo inglês Douglas Haig lançou uma série de ofensivas que se tornaram a Terceira Batalha de Ypres, uma tentativa de quebrar a resistência do Quarto Exército Alemão e sair da saliência de Ypres, uma invaginação da linha de frente britânica com a intenção de chegar até a costa da Bélgica e varrer as bases de submarinos alemães. As batalhas ocorriam em terrenos encharcados pelas chuvas, daí a ironia de Bion em denominá-las de "Terceira Batalha dos Enxugadores". [N.T.]

64 LEMBRANDO

uma outra esposa,[43] a despeito de sua resistência de ser "lembrado" ou de Betty ou da garota que o tinha rejeitado (Bion, 1985, p. 69). Refletida na sua "crueldade" em relação à filha (p. 70), reconhecia-se a crueldade que seus objetos internos exerciam em relação a si mesmo: trespassando seu "senso de gratificação" por meio de pensamentos desconfortáveis de amor e sexo – por meio de um retorno à vida real do sentimento, sinônimo do próprio processo de pensar.[44] Mas isso era inócuo – "todo este mundo gratificante agora começara a ser invadido pelo pensamento . . . a invasão não podia ser repelida ou contida" (p. 66). Um diálogo interno chama sua atenção em relação à necessidade de "trabalhar-se em ambas as extremidades":

— E, afinal de contas, como é que eu penso?

— Desculpe, senhor. Eu vou colocar isto para sua filha . . . de qualquer modo, ela é ainda muito novinha para se preocupar.

— Venha aqui em meio minuto. . . . Como eu poderia balançar meu rabo vestigial quando pretendo pensar?

---

43 Uma necessidade interna inseparável do seu próprio desenvolvimento; não meramente sua necessidade prática externa que, como ele diz, era óbvia – "Eu não precisaria de um psicanalista para me dizer isso" (Bion, 1985, p. 69).

44 Discuto isso no The Aesthetic Development (Williams, 2010), no sentido de que, a despeito do autocastigo que Bion se impõe, isso pode ser lido como uma tentativa inconsciente de estimular crescimento tanto nele mesmo quanto na criança, no contexto de uma figura maternal propiciadora de carinho estando presente também para contrabalançar a "crueldade". De fato, isso não teve como resultado "ter perdido sua filha", como nós ficamos sabendo no capítulo precedente (cronologicamente posterior), no qual a criança, agora mais velha, vem andando para encontrá-lo no ponto de ônibus: "Finalmente as dez jardas perigosas conseguiram ser ultrapassadas e os bracinhos dela conseguiram se entrelaçar em volta do meu pescoço" (Bion, 1985, p. 66).

— *Obviamente, trabalhando em ambas as extremidades, abaixo e acima do umbigo, caudal e cranial. (p. 65)*

A autoanálise de Bion tinha começado. Do mesmo modo que sua filhinha, ele precisou escapar de seus próprios fundilhos e começar a engatinhar; o rabo e o crânio cooperando dos dois lados do diafragma. Ele estava no caminho certo para a "invasão" do pensamento ao Império da Mente, o que viria a ser esboçado representativamente no "sonho artificial" do *A Memoir of the Future*.

## Poema lírico tardio

*E eu incluo tudo, inclusive do inimigo,*
*Observo meu coração como se fossem camaradas,*
*Que as ordens falem o que puderem para regular*
*O ódio: alguns poucos, porém, alguns pude encontrar,*
*homens e mulheres,*
*Para serem amados como camaradas.*

*Estas duas pessoas em casa acharam difícil de realizar,*
*Não conseguiram acreditar que o retorno não seja*
*pura alegria.*
*Mas, mais do que todo o medo do clima de guerra*
*Existe o medo no meu coração da perda*
*Do amor dos meus camaradas.*

*Como o céu queimava, e as árvores eram fantásticas,*
*E as silhuetas das casas austeras queimavam,*
*Os fragmentos pontiagudos de pneus, o trovão da*
*Armadura, os homens cambaleantes e as pontes;*
*Os camaradas que nunca conheci!*

66 LEMBRANDO

*Coloquei-os em imagens para que a minha mente*
*pudesse lembrar,*
*Figuras falsas e imagens de possessão.*
*Pois não se trata de perigo e excitação*
*Que possam ser lembrados apaixonadamente,*
*É o amor dos camaradas.*

*Oh jovens! Oh jovens camaradas!*
*Então é algo vivo, e não uma história passada,*
*E a tranquilidade é mais intensa no coração*
*Do que no fólio, sabendo que ela nunca pode agora*
*Perder o amor dos camaradas.*

Harris, "Aftersong", não publicada[45]

As autobiografias de Bion, como os poemas de guerra de meu pai, foram escritas com o sentido de uma missão – não tanto para registrar, mas para criar um registro interior, através do "folio" (as palavras sobre o papel). As "falsas figuras"[46] referem-se a um revestimento metafórico extravagante de lugares, de eventos e de pessoas que são necessários para manter o significado emocional, no processo de expansão de transcrição. Bion disse o mesmo a respeito de seu registro das características exteriores da sua própria vida – elas eram necessárias, porém irrelevantes. As imagens coloridas de árvores e casas em chamas representam aquilo que Platão, em *Fedro*, chama "auxílios aos resgates da realidade"; assim como

---

45 Um poema escrito depois da Segunda Guerra Mundial. Roland Harris, meu pai (1919-1969), foi um analisando de Bion até que este se mudou para a Califórnia, e provavelmente influenciou Bion encorajando-o a se aventurar na ficção do *Memoir*.

46 "Figuras" é um termo retórico tradicional, que se refere à expansão do sentido por meio de padrões metafóricos e gramaticais, como as "figuras de linguagem".

a transa que Bion descreve entre os dois tanques dinossauros, elas encapsulam uma experiência emocional, à qual é conferido um endereço e um nome.[47] Retornar a si mesmo não é pura alegria. Mas a transcrição em folio, como já é tradicional, capacita um amor que em outras circunstâncias seria fugitivo a ser preservado vivo em "intensa tranquilidade", não meramente se tornar "uma história passada". A "marca" que é deixada quando "eu escrevo a meu respeito" confere substância àquilo que pareceu ser um mero "simulacro quitinoso" de um *self*, um disfarce cosmético. O *self* é recriado por meio do relato e, novamente, a partir de cada leitura que passa a ser uma "experiência emocional". Ele deixa sua marca *agora* – no ponto de AOC (Amor, Ódio e Conhecimento), o ponto no qual o númeno da veracidade "se intercepta com a inteligência humana" (Bion, 1973-1974, Vol. II, p. 30). Uma tal história possui a centelha de sinceridade, alimentada por um amor que ele nunca pode perder: por Sweeting, Betty, todos "homens jovens", incluindo o inimigo e aqueles que nunca vieram a ser conhecidos;[48] e esta jornada acaba sendo a sua própria gratificação.

---

47 Referência a uma famosa frase de Shakespeare no *Sonho de uma Noite de Verão*. No original está escrito: "uma morada etérea e um nome". [N.T.]

48 Como no "Eu sou o inimigo que você matou, meu amigo" de Wilfred Owen ("Estranho Encontro"); veja o diálogo de Bion entre Roland e Du no *Memoir*.

# 2. Sonhando ao reverso:
# *A Memoir of the Future*

*O tempo presente e o tempo passado*
*Ambos talvez estejam contidos no tempo futuro,*
*E o tempo futuro contido no tempo passado.*
*Se todo tempo for eternamente presente*
*Todo tempo é inesgotável.*

T. S. Eliot, "Burnt Norton" (ll. 1-5)[1]

Em ensaios anteriores, há muitos anos, eu abordei o *Memoir* inicialmente do ponto de vista de seus "padrões subjacentes" como um trabalho literário e, em seguida, depois da publicação do *The Long Week-End*, tendo em vista selecionar episódios-chave de cada tipo de autobiografia que pudessem iluminar uns aos outros: em particular a Caçada do Tigre e o seu inverso, o Tanque de guerra

---

1 *The Four Quartets* são frequentemente vistos como a autobiografia espiritual de Eliot. De fato, Bion antipatizava com o modo sarcástico de Eliot escrever sobre Milton (um tipo de rivalidade invejosa).

com sua representação gráfica da mentalidade dinossáurica:[2] em seguida, escrevi um *script* de um filme com Kumar Shahani no qual a figura da Aia de Bion era predominante;[3] posteriormente, no contexto de uma busca pela "musa" de Bion, eu voltei para esta quase silenciosa, porém significativa característica das autobiografias na forma de uma narrativa-em-verso pela Aia-como-deusa.[4]

No presente capítulo, eu gostaria de combinar aspectos de todas essas abordagens do *Memoir*, mas, mais fundamentalmente, retomar meu interesse inicial na busca empreendida pelo autor por uma estrutura formal, na medida em que acredito que, para muitos leitores, um grande obstáculo para aproveitar o *Memoir* não seja o conteúdo onírico, e sim uma falta de pontos de referência genéricos. Como Bion (2005b) diz algures, "Como um psicanalista eu aprendi bastante a respeito das interpretações dos sonhos. A única coisa que não ficou muito clara a respeito era: o que vem a ser um sonho?" (p. 46).

Em outras palavras, que tipo de livro seria este? Como ele funciona? Como poderíamos lê-lo? Até que isso seja respondido – no sentido de demonstrado –, nós não conseguiremos fazer um contato adequado com a forma real ou com o "padrão subjacente" do grupo que compreende este indivíduo particular, e não conseguiremos nos identificar com o número que está além do fenômeno.[5] Não se trata de nossos poderes interpretativos, mas de

---

2   *Vide* "'Underlying Pattern' in Bion's *Memoir of the Future*" (O primeiro trabalho sobre o *Memoir* a ser publicado: Williams, 1983a, reimpresso em Mawson, 2010) e "The Tiger and 'O'" (Williams, 1985).

3   Por uma variedade de razões, o filme nunca foi completado. A base para o *script* foi a história cronológica do *The Long Week-End*, expandida e intercalada com sequências oníricas do *Memoir*.

4   "Confessions of an immature superego: or the aya's lament", em Williams (2005a, pp. 221-235).

5   A autora refere-se, aqui, ao significado último da trilogia *A Memoir of the Future*. [N.T.]

nossos poderes observacionais que precisam ser posicionados de modo que possamos acessar nossa receptividade para encontrar alguma forma de congruência simbólica.[6] A verdade, incluindo a verdade autobiográfica, não pode ser possuída ou representada de qualquer modo parafraseável, mas depende de uma complexa aliança de identificação e forma estética; isso se aplica tanto ao leitor quanto ao escritor. Não é suficiente enxergar no *Memoir* uma mistura de poema-onírico, diálogo socrático, drama shaviano ou beckettiano, parábola orwelliana ou dogsoniana, ou "novela pornográfica"[7] (como Bion descrevia a sua intenção).[8] O que nós precisamos saber a respeito do seu gênero é alguma coisa um pouco diferente: não as suas raízes literárias, mas o seu modo de falar conosco e capturar nossa atenção. Como Bion disse do *The Long Week-End*, "se eu tivesse podido recorrer a abstrações, eu o teria feito". O mesmo se aplica aqui; olhando-se um número limitado de episódios vinculados ao longo dos três volumes, podemos ver o "padrão subjacente a todos os exemplos" (Bion, 1991, p. 533) – o próprio processo de pensamento abstrato.

Ao mesmo tempo, é provavelmente necessário formular o que é verdadeiro a respeito de toda crítica literária, mas talvez especialmente em relação às leituras de autobiografias:[9] que a exposição

---

6  *Vide* o Capítulo XI, "Mantendo o sonho: a natureza da apreciação estética", em D. Meltzer e M. H. Williams (1988). *A apreensão do belo*. Rio de Janeiro: Imago. [N.T.]

7  *Vide* o comentário de Rosemary: "Se alguém chegar a ler este livro será em função daquilo que o leitor terá o atrevimento de chamar 'pornografia'. É por isso que Bion (1991) menciona a mim sem sequer conseguir tornar a descrição plausível" (p. 46).

8  Shaviano é aquilo pertencente ou característico a George Bernard Shaw (1856-1950) ou a seus trabalhos; o mesmo vale para Charles Lutwidge Dodgson (1832-1898), mais conhecido como Lewis Carroll. [N.T.]

9  Como James Olney (1980) sugeriu, a autobiografia, enquanto possuidora de uma "consciência debruçada sobre si própria" que constitui o seu próprio comentário sobre si mesmo, também "requer que os leitores continuem a expe-

que se segue constitui o meu próprio sonho do sonho de Bion, portanto, vem a ser como a própria psicanálise, uma forma de conversação com objetos internos.[10] Como qualquer leitura que envolve uma "experiência emocional da leitura" (como enfatizado por Bion), o trabalho torna-se uma cesura, como um pedaço de vidro que pode "ser visto de ambos os lados da tela, ambos os lados da resistência" (p. 465).[11]

## O gênero

Bion descreve o *Memoir* como um "relato fictício da psicanálise" (p. 4). Não se trata de psicanálise (a "coisa em si mesma"), mas ele também não deseja somente "falar sobre" psicanálise – uma forma que ele considera na melhor das hipóteses tediosa, e na pior, mentirosa. O gênero para um tal "relato fictício", no entanto, não existe até que sua busca inicie: "Eu precisei construir o aparelho conforme ia prosseguindo. Eu sugiro que é um aparelho artístico, se bem que a arte envolvida ainda não tenha sido criada" (p. 88). Ele passa a existir junto com a sua temática, a ideia embrionária cujo crescimento é supervisionado pelos objetos internos. Na

---

riência em suas próprias vidas" (p. 26). Embora possa parecer contraditório reivindicar que juntemos um estudo objetivo de gênero com uma resposta subjetiva ao trabalho, isto é, de fato aquilo que os mais sofisticados filósofos da crítica estética – de Coleridge em diante – sempre afirmaram não ser meramente possível, mas necessário. (Escrevi a respeito disso em Williams, 2010.)

10 *Vide* a descrição de Donald Meltzer da psicanálise como uma busca por "congruência de objetos internos" (Meltzer, 1983, p. 46) ou, também, na sua concepção, uma "conversa" entre objetos internos.

11 Referência a um modelo usado por Bion a partir da proposta de Henri--Georges Clouzot a Picasso de pintar quadros numa "tela" de vidro, enquanto o cineasta filmava a pintura do outro lado: isso, achava Bion, poderia nos ajudar a entender como um estado de mente transpõe uma cesura buscando sua implantação num outro meio. [N.T.]

minha fantasia das "Confissões" da Aia, ela fala como uma deusa interna que emoldura a história:

*Que besta grosseira agora, tão canhestra e obscura,*

*Arrasta na direção das minhas margens sagradas de rio*

*Para nascer? Todo o meu conhecimento eu ofereci da última vez,*

*Esticando os limites da minha filosofia;*

*Quantas vezes mais este continente precisaria*

*Distender o meu corpo através de involuções ásperas*

*Para fornecer um alojamento para uma ideia*

*Situada além do alcance do pensamento? Uma vez mais*

*Pulsações cruzam algumas ásperas irregularidades*

*Em mim, e sem pensar meus agentes começam*

*A tecer suas teias perolizadas por cima do odiento*

*Grão de sílica, e a coisa não é escondida, mas se expande*

*Imensamente, malgrado sua pequena dimensão, capturando minha atenção.*

*(Williams, "Confessions", ll. 19-31)*[12]

---

12 Essas citações de versos e outras no cabeçalho de cada seção com linha e referências são das "Confessions of an immature superego", a minha versificação da história contada num filme inacabado sobre o *Memoir* (*vide* a Nota 3 deste capítulo). A narrativa em verso conta o Sonho de Bion a partir do ponto de vista da Aia-como-deusa.

As "Confessions"[13] são baseadas em características mais implícitas do que explícitas das autobiografias: no entanto, Bion assinala explicitamente a ideia antiga da Mulher-como-beleza-como-fertilidade, "meditando sobre um vasto abismo" (formulação de Milton, *Paraíso perdido*, I: 21), contendo as sementes de uma infinidade de futuras formas e modulações. Esta figura-deusa conseguiu, ao longo dos milênios, captar os indícios das almas individuais, no útero da mente. Como embriões, elas demandam um lugar para habitar e um nome na mãe-consciência. Cada alma ou ideia em princípio é a mesma, no entanto, cada uma é idiossincrática e (para parafrasear Hamlet) estica os poderes de contenção dos objetos internos além do alcance do pensamento que já existe.

O gênero do *A Memoir of the Future* pertence à tradição pioneira na qual a autoanálise de um autor ou autobiografia interna é co-extensiva à criação de um novo gênero para autoexpressão. Trata-se de "uma *reverie agora*", como Bion descreveu o processo de poder rever a sua análise com Mrs. Klein. O que começa com um "sonho artificialmente construído" (Bion, 1991, p. 4) transforma-se em um sonho real, uma experiência presente. Ele encara o livro, diz ele, como um "instrumento" para investigação, e não como um meio de conservar os dogmas (p. 204). Como no *Samson Agonistes* de Milton (do qual o título do segundo volume, *The Past Presented*, deriva), o protagonista de uma *reverie* deste tipo torna-se a vítima de

> *Pensamentos inquietos, que, como um enxame mortífero*

---

13 Estas "Confessions" foram publicadas como apêndice em seu livro *The Vale of Soulmaking* (Williams, 2005a), e se valeram de uma colagem de citações literárias. Neste trecho, "What rough beast now, so clumsy and obscure" foi extraído do poema "The Second Coming" de Yeats: como no original, as linhas são numeradas, e pode-se conferir no final as referências correspondentes. [N.T.]

*Armados de marimbondos, não se isolaram de
imediato,*

*Mas avançaram sobre mim me acuando e
presentificando*

*Um tempo passado, aquilo que outrora eu fui, e
aquilo que hoje eu sou.*

*(Milton, Samson Agonistes, ll. 19-22, trad. nona)*

Como Milton, muito mais do que como Eliot, Bion acreditava que o tempo fosse internamente resgatável mediante a escrita
do sonho; o coração pode ganhar a "intensa tranquilidade" que
significa (nas palavras de Harris) que o tempo "nunca pode, agora / Perder o amor dos companheiros". A eterna *presentifica-ção*
do tempo na escrita autobiográfica não é um lamento, mas uma
oportunidade para a transformação – para "sofrer uma mudança
oceânica", como Shakespeare o formula (Shakespeare, *A tempestade*, I.ii: 403, trad. nona).

A "memória", seja da vida passada, seja da mente de Bion, com
suas sucessões de mudanças catastróficas, é revisada no presente
mediante um grupo de vozes ou personagens internos, que estão
simultaneamente prevendo o significado do seu *self* para o futuro.
Os personagens representam diferentes "vértices" dos seus pensamentos, e seus significados residem em seus vínculos e tensões. Eles
incluem um Padre; um Psicanalista; um par de Dinossauros; várias
Idades Biológicas, incluindo as pré-natais; uma Voz que emerge
das profundezas somáticas como vindas das cavernas de Marabar,[14]

---

14 As cavernas de Barabar são espaços do século III a.C., localizados nas colinas
gêmeas de Barabar e Nagarjuni, 24 km ao norte da cidade de Gaia, no distrito
de Jehanabad, Índia. Em geral, são constituídas de duas câmaras de granito
escavado: na primeira, os fiéis se congregavam num largo espaço retangular,

# 76  SONHANDO AO REVERSO: *A MEMOIR OF THE FUTURE*

e ambiguamente pertencentes a Deus ou ao Diabo; Sherlock Holmes (um modelo de investigador prático), seu irmão Mycroft, e o oponente de ambos, Moriarty (Moralidade,[15] o próprio Diabo); várias outras figuras da ficção, da história ou da mitologia; um corte microcósmico da sociedade eduardiana na forma de Robin (o cientista-fazendeiro), o casal de classe alta Roland (fazendeiro-cético) e Alice; Rosemary, que era a empregada deles, e o trabalhador "Neandertal" Tom; Fantasmas da guerra; o próprio Bion, e seu alter ego Myself. Alguns desses personagens rodam sobre um eixo "não diferente, mas invertido", como Bion formula, por exemplo: Padre e P.A.; Rosemary e Alice; Roland e Robin, e o tal misterioso Homem que representa as forças invasoras que viram de cabeça para baixo a ordem estabelecida da English Farm.[16] Este homem tenta manter a ordem por meio de uma arma automática (ou seria uma barra de chocolate?), no entanto, fica no final enredado nas

---

e a segunda era uma pequena câmera circular com um domo para venerações. As cavernas de Marabar são criações ficcionais da novela e do filme *Uma passagem para a Índia*, baseado no livro do autor inglês E. M. Forster, em que os personagens sofrem as consequências dos ecos que emanam de suas paredes: todos os estímulos sonoros retornam como um "bum!". Esta negação da diferença encarna um lado assustador da visão aparentemente positiva do hinduísmo, que propugna a unicidade de todas as coisas vivas. Mas, se todas as pessoas e objetos fossem iguais, não haveria como se fazer distinção entre Bem e Mal. [N.T.]

15 Sherlock Holmes, adaptando as palavras de Hamlet para Horácio (I.v.: 174-175), diz: "Amplie suas ideias, Moriarty. Mais coisas são forjadas pelo crime no que possa ser sonhado em sua moralidade" (p. 310). O trocadilho sugerido pela justaposição das duas palavras emana do fato que Moriarty, como no cartão de Beerbohm, está sempre bem trajado, em linha com a moralidade impecável que recobre a respeitabilidade. Isso está associado por Bion com as "mentiras" (como em 1970, p. 117) ou com o jargão religioso (como em 1985, p. 43), como coisas distintas da religião. O mentiroso sabe a verdade, mas vira as costas para ela ou a recobre.

16 English Farm é também o nome de uma batalha ocorrida na Primeira Guerra Mundial.

"nuvens aglomeradas" de vozes amontoadas (Bion, 1991, p. 122),[17] encontrando-se ele mesmo escravizado por Rosemary com os seus "pés dançarinos".

Os personagens ficcionais, diz Bion, sempre tinham contribuído grandemente para a operacionalidade saudável do seu sistema digestível mental. Eles o tornam capaz de usar a metá-fora (literalmente, transferência) – o utilitarismo do "como se" (p. 216). Constituem, de fato, a "perspectiva revertida do abstrato" e, portanto, capacitam o abstrato a ser deduzido ou pelo menos "sentido nos pulsos" (como Keats diz). Uma forma ficcional é mais evocativa do que a linguagem teórica aos aspectos da verdade que estão tentando "irromper" na barreira impenetrável de um saber-sobre complacente.

> *P.A.: Seu Jargonificador Satânico ficou ofendido; baseando-se na suposição que o jargão psicanalítico estava sendo erodido por erupções de claridades. Eu me senti compelido a pedir asilo na ficção. Disfarçado de ficção, a verdade eventualmente se esgueirava. (p. 302)*

A ficção fornece uma proteção em relação à sucessão de pressupostos básicos, mentiras e artificialidades. Bion pictorializa essa situação em termos do soldado fugindo no "ângulo da parede", buscando proteção das "penas brancas" lançadas pela sociedade ou da saraivada de balas no interior do "pombal" psicanalítico.[18] Tais saraivadas são uma última versão da "cultura do artificialismo

---

17 Uma adaptação da expressão de Browning, "nuvens aglomeradas" de nomes famosos, que são "tão espessos que se tornam anônimos", citado por Bion (1991, p. 120).

18 Bion está provavelmente pensando também na alegoria do pombal no *Teeteto* de Platão, que está relacionado com a natureza ativo-passiva da caça da memória.

78   SONHANDO AO REVERSO: *A MEMOIR OF THE FUTURE*

protestante, poderosa, vigorosa, violenta e não conformista, da sua infância, a qual, ele sentia, tinha frustrado o desenvolvimento natural de sua sexualidade (*vide* Bion, 1985, p. 43). O ângulo na parede é um recesso no qual o germe de uma ideia pode criar raízes e se desenvolver fora do alcance de "respostas", "dogmas" e "fatos científicos" (Bion, 1991, p. 249). Os métodos (e as projeções) não artísticos são "menos precisos do que aqueles usados pelos artistas" (p. 110).

De fato, o pombal psicanalítico não passa do último de uma longa lista de instituições históricas que, "mortas" em si mesmas, são passíveis de sufocar o pensamento; portanto, Bion adverte, é melhor "aferrar-se à linha de frente" porque, "quanto mais nos afastamos dela, o *staff* se torna mais feroz, os políticos... se eles tiverem de implantar seu estilo o banho de sangue seria terrível" (Bion, 2005b, p. 95).[19] Ele mesmo escapou de ser um Comandante de Tanque da Sociedade Britânica na direção daquilo que ele esperava pudesse ser a luminosidade e o ar da Califórnia, do mesmo modo que Alice escapava da "camisa de força dura apesar de regular" do "amor" quando, no início do volume *The Dream*, todos os vértices são "invertidos": "Na noite passada [os vértices] não eram de todo respeitáveis; pareciam muito mais peidos e gazes subindo e descendo os canais alimentares" (Bion, 1991, p. 4). O tumulto é

---

19 Sócrates compara a mente humana a uma gaiola para traçar a distinção entre *ter* e *possuir*: o primeiro (ter) tipicamente implica o segundo (possuir), se bem que, por outro lado, pode-se possuir algo, como um pássaro, sem de fato usufruí-lo. Sócrates diz que, na medida em que o homem sai caçando o conhecimento de algo na sua mente, pode aferrar-se à coisa errada. Ele diz que confundir onze com doze é como ir à busca de uma pomba e voltar com um pombal. *Teeteto* entra na brincadeira e diz que, para completar o quadro, você precisa vislumbrar pedaços de ignorância voando por ali como os pássaros. Mas, se for esse o caso, como distinguir os pássaros que representam o conhecimento verdadeiro e os que representam o conhecimento falso? Sócrates concluiu que isso é impossível e descartou a analogia da gaiola. [N.T.]

efeito do sonho excitando a sessão psicanalítica, e ele leva diretamente ao senso de invasão que pode ou não estimular a mudança catastrófica (desenvolvimentista). A "linha de combate", numa situação psicanalítica, pode ser perigosa, mas trata-se de um meio ambiente menos hostil aos "objetos estimuladores de crescimento" (Bion, 1970, p. 129) do que o *staff* ou a sala do Estado Maior, onde a ilusão de saber como administrar a perturbação era mantida.[20]

Mas onde se localiza a linha de fogo? O início de qualquer aventura psicanalítica é, como Bion reiteradamente assinala, uma capacidade de estarmos em contato com a nossa própria ignorância, pois sem isso o protagonista não estará aberto à "experiência da qual ele é a testemunha". Ele não será capaz de condensar quaisquer poderes de observação com os quais poderia estar dotado. A observação é a chave do autoconhecimento, pois "a coisa em si mesmo é alterada ao ser observada" (Bion, 1991, p. 216), e a investigação artístico-científica em si mesma "estimula o crescimento do domínio que ela investiga" (Bion, 1970, p. 69). A abordagem de um único vértice não é conducente a se conhecer a ignorância:[21] daí a maneira pela qual Bion abre seus ouvidos para um conjunto de personagens os quais – malgrado suas educações – são altamente sensíveis às ignorâncias uns dos outros, e que mantêm entre eles uma experiência razoavelmente compreensiva daquele estado, enquanto, ao mesmo tempo, abrem janelas para fora deles. A geometria euclidiana, que outrora era "uma ajuda ao *insight*" (diz o

---

20 Donald Meltzer chamaria isso do *claustrum* da "cabeça-seio", o "delírio de claridade do *insight*" (ver Meltzer, 1992).

21 Bion considera que os três vértices de ciência, arte e religião precisam ser mantidos numa tensão construtiva (*vide*, por exemplo, Bion, 1973-1974, Vol. I, pp. 95-96). Qualquer vértice isoladamente é passível de nos afastar da verdade: ele necessita ser realinhado com o "O" (o desconhecido), pela alusão aos outros vértices.

Doutor) tornou-se, ao longo dos séculos, uma restrição, ou seja, "um risco". Portanto:

> DOUTOR: *Introduza o príncipe encantado para despertar a bela adormecida.*
>
> *P.A. [Psicanalista]: Qual seja? Acho que você deveria apresentar os personagens à medida que eles surgem no palco. (Bion, 1991, p. 224)*

Os vértices múltiplos (os personagens) entram no palco para "liberar" (trazer à luz) a bela adormecida, a forma do *self* futuro, a nova ideia da psicanálise.[22] Começando com a invasão de English Farm, Bion reescreve "A pequena história da Inglaterra segundo *Arf Arfer*": essa vem a ser sua aventura pessoal, cheia de surpresas. "Olá! O que é que você está fazendo aqui?", diz Myself para Rosemary, o personagem que está "obviamente presente", quer dizer, que evidentemente existe agora, não no passado, e cuja personalidade é fortemente representificada (p. 114). Por meio de tais personagens, ele coloca em ação o "efeito purificador da crítica austera", que ele acreditava estar frequentemente sufocado pela "bobagem mental" da "admiração fantástica" ou "da hostilidade complacente" (p. 308), seja vinda dos outros ou do interior de si mesmo.

Bion frequentemente se queixava de ser forçado a suprir em quantidade – pela mera repetição – aquilo que, às suas palavras, faltava em qualidade. No *Memoir*, ele permitiu que todas as suas vozes internas se expressassem, a despeito do fato de que, quando elas falavam todas ao mesmo tempo, criava-se um "Manicômio". Precisamos estar preparados para uma torrente tonal estendendo-se

---

22 A "bela adormecida", numa metáfora frequentemente usada por Bion nas suas últimas conferências, é a psicanálise que jaz adormecida no interior das moitas de jargão ou tronco seco (e.g., Bion, 1997, p. 37).

do absurdo à revelação, da vulgaridade ao sermão, do cinismo à sentimentalidade, do jogo de palavras espiralado à ambiguidade poética, da ejaculação incoerente "somítica" ao solilóquio formal. Seriam eles uma coleção de "trocadilhos forçados" ou "os primeiros passos de uma nova linguagem"? (p. 465). Talvez isso dependa, como Bion disse em relação à sua análise com Melanie Klein, de como a comunicação foi recebida. Eventualmente, uma meta de "debate disciplinado" é aceita pelo Grupo (p. 443), mas se isso pretende ser uma "fala de verdade", distinta do "falar sobre" (p. 477), ela precisa reter suas raízes vitais nesta orquestração somática: mesmo que, às vezes, seja um "som confuso, cavernoso e estranho" (para tomarmos emprestada uma direção de palco de Shakespeare em *A tempestade*, IV.i: 139). No Livro Três, Bion formulou o assunto da sua história como uma descrição do encontro das personalidades pré-natais e pós-natais cuja finalidade é: "escrever um livro único gerado por 'nós'" (Bion, 1991, p. 466) mediante uma interpenetração criativa por meio da cesura, representada em termos corporais pelo diafragma que passa a operar no nascimento. Ele reconhece que seria necessário um "drama de qualidade shakespeariana" para descrever adequadamente um tal encontro (p. 551). Mas, diz o próprio, ele possui uma "data para encontrar o Destino"; o final de sua vida é sentido como uma "arremetida" e ele precisa apresentar a sua *Memória* daquilo que ele espera que acontecerá no futuro: o renascimento da própria psicanálise, irrompendo das cinzas em lenta combustão de um estado de genuína ignorância, uma centelha na qual os outros possam aquecer suas mãos.

O *Memoir* possui, portanto, uma estrutura reticular na qual o significado pode esgueirar-se através das linhas estabelecidas dos pensamentos, ou ser mantido em tensão entre uma multiplicidade de vértices. Ele pretende modelar um "zoológico psicanalítico" habitado por "criaturas belas e horrendas", um "sítio frequentado por asnos selvagens", bem como um espaço para a sua perspectiva revertida que serão "os grandes caçadores" da intuição psicanalítica (pp. 5, 239). Como o animal chocalhando as barras da sua jaula num "ritmo estabelecido", em *Taming Wild Thoughts*,[23] o *Memoir* encontra uma música de si mesma. Estes "animais fascinantes", como a banda de um homem só do gago de Bion,[24] produz um "padrão sonoro . . . cada um com uma personalidade, como se fosse uma pessoa real" (Bion, 1977, p. 18), cada um fazendo uso da "fonação" de um personagem que conhecemos, ou pensamos que conhecemos, chamado Bion – ou seríamos Nós Mesmos? Deixe a música do chocalhar da barra começar...

## As origens despretensiosamente glandulares do pensamento

> *No céu*
> *Enquanto isso, enquanto Psique-Soma lutavam sua guerra*
> *De contrários, arranjei para nós*
> *Uma barreira de comunicação,*
> *Um diafragma de* senso comum, *para lembrar*
> *O novo meio gasoso da sua outrora*
> *Existência aquosa.*
>
> Williams, "Confessions" (ll. 71-77)

---

23 Bion (1977) descreve como, na infância, ele observou um animal no zoológico se esfregando nas barras de sua jaula com um "ritmo próprio que poderia ser registrado numa partitura musical", alguma coisa que foi confirmada pelo "adulto sensível" que o acompanhava (p. 31).

24 A gagueira, ele sugere, pode indicar a presença de uma "terceira" pessoa na situação psicanalítica, que estaria usando um dos parceiros como um "porta--voz" (Bion, 1991, p. 568). Bion encara esse terceiro vértice observador destacado como essencial ao processo (a respeito de "terceiros" ou demais "objetos", *vide* também Bion, 2005b, p. 19).

"O mais próximo que a dupla de psicanalista pode chegar a um 'fato'", diz P.A., "é quando um ou o outro, na dupla psicanalítica, tem um sentimento" (p. 536). Uma "senti-ência" indica que a barreira entre dois contrários – como amor e ódio, pré-natal e pós-natal – foi penetrada; isso resulta naquilo que, na forma de trocadilho, ele chama de "senso-comum". Então, essas duas entidades comensais têm a oportunidade de tornarem-se parasitárias uma em relação à outra, ou simbióticas e criadoras de crescimento. E, na teoria do pensar de Bion, as entidades que "subjazem a todos os exemplos" no padrão de suas confrontações são Psique e Soma: elas representam a Guerra original no Céu,[25] e atrás delas reside a natureza das origens primitivas da mente como evoluída a partir do cérebro.

Próximo ao final do Livro Três, P.A. especula a respeito das origens do sentimento da busca do Grupo pós-natal na descoberta da sua identidade:

> *P.A.: Em última instância, eu esperaria encontrar se há alguma realidade subjacente física e verbalmente reconhecível que nós estejamos investigando, não somente uma descoberta ilusória de um pensar a respeito de um pensar a respeito de um pensar, cujo "pensar" não existisse, mas fosse um sintoma de uma atividade glandular.*
>
> *ROLAND: Será que a glândula adrenal é que nos faz começar a pensar, ou será que o nosso pensar é que faz a glândula começar a secretar?*

---

25 A "guerra de contrários" refere-se ao *Paraíso perdido*, com sua guerra no céu e o "odiento assédio dos contrários" (amor e ódio) experimentados por Satã, quando confrontado com a beleza do novo mundo que ele tramou penetrar a despeito da guarda angelical colocada por Deus.

*ROBIN: Por que não pensar o mesmo em relação às outras glândulas? (p. 512)*

P.A. então admite que a sua fraseologia indica uma hostilidade inconsciente em relação às "origens despretensiosamente glandulares" do pensamento genuíno (de um tipo que não é somente "pensar sobre o pensar") e conclui que o "Ódio em relação às nossas origens parece ser inseparável de qualquer progresso". A necessidade de reconhecer o débito em relação a "origens" é confirmada por Alice. Várias vozes já tinham formulado o problema:

> *SOMITO VINTE E QUATRO: Se eu soubesse que poderia desenvolver uma alma, eu teria continuado feto.*
>
> *VINTE E CINCO ANOS: Se eu soubesse que possuía um ancestral somítico tão feioso, eu não teria tentado cultivar uma alma.*
>
> *DEZOITO ANOS: Eu não acho que conheci o seu amigo somítico, mas tinha as minhas suspeitas e pensava que uma alma poderia ser uma vantagem, não uma excrescência. (p. 461)*

Mesmo quando o grupo está prestes a adquirir o seu "debate disciplinado", eles tentam não perder de vista erupções de negação considerando as origens do seu processo de pensar na vida pré-natal.

A história de Bion-como-grupo, portanto, inicia-se com uma ficção científica "especulativa" a respeito da natureza da mente pré-natal ou protomente. Uma "linguagem de experiência e razão" inadequada precisa ser emprestada da existência pós-natal para comunicar o drama dos somitos (elementos mente-corpo) que compreendem a personalidade em-matura – "emmatura" sugerindo a maturidade embrionária (em processo de vir a ser) em vez de uma simples imaturidade.

> *Em-maduro: Minhas experiências mais precoces foram de alguma coisa tocando aquilo que mais tarde eu vim a saber, era "mim". As mudanças em pressões no fluido me circundando variavam daquilo que Mim chamava de prazer, para aquilo que Mim chamava de dor. As minhas fossas ópticas e auditivas nas idades de três ou quatro somitos recebiam som e luz, escuridão e silêncio, em geral não aumentando a ponto de não ultrapassar o gostoso e repelente, mas às vezes fazendo me sentir mais inanimado do que animado. (p. 430)*

Em-maduro, apesar de não falar depois do "nascimento", é o herói da narrativa com raízes no núcleo somítico da personalidade, as fundações da vida onírica. Como P.A. diz, "Se os somitos pudessem escrever, o livro deveria chamar-se 'Sobre a interpretação da realidade', e as teorias seriam todas aquilo que nós chamaríamos de sonhos" (p. 470). Sua ambição é ser representada shakesperianamente por meio de um "conto narrado por um idiota" (p. 432; Shakespeare, *Macbeth*, V.v.: 26). Mas a busca do Em-maduro por autoexpressão está constantemente em perigo de ser antecipadamente ocupada pela impaciência dos aspectos "sabe tudo" da personalidade:

> *PRÉ-MADURO: Vamos lá, quando é que você nasceu?*
>
> *EM: Não se apresse; eu estava chegando nisto.*
>
> *OITO ANOS: Você sempre está chegando, mas nunca chega.*

*EM: Quando eu só tinha somente três somitos de idade... (p. 430)*

Quando ocorre a primeira catástrofe do nascimento, Emmaduro encontra sua verdadeira maturidade cindida nos "gêmeos litigantes" Psique e Soma; é um resultado da sua descoberta (como Termo) que as suas "membranas mentais" o capacitam a "alcançar muito além dos [seus] pés":

*MENTE: Chame-me de Psique – Psique – Soma.*[26]

*CORPO: Soma – Psique.*

*MENTE: Nós devemos ser aparentados.*

*CORPO: Jamais – não do que depender de mim. (p. 433)*

A apresentação de Mente e Corpo um ao outro é contemporânea ao fato biológico do nascimento; e a confusão empreendida pela recém-estabelecida distinção entre sensorial e não sensorial é confrontada com o recém-funcionante diafragma, que estabelece a mudança de um meio aquoso para um meio gasoso, por meio do qual "significado" parece não penetrar, "seja na direção de você para mim, ou de mim para você":

---

26 Bion não confere muito valor em relação a qualquer distinção aparentemente sofisticada entre mente, espírito e psique. Em *Sins*, ele escreve: "E agora eu supostamente pertencia ao serviço psiquiátrico – lidando com a psique. Não exatamente o espírito – isso era tarefa do Departamento do Capelão –, somente a psique, se é que vocês me entendem (porque eu não entendo)" (Bion, 1985, p. 47).

*SOMA: Se você pelo menos tivesse algum respeito pelos "meus sentimentos" e funcionasse segundo minha orientação, você não estaria nesta zorra.*

*PSIQUE: Eu estou nesta zorra porque fui forçada a mergulhar nela. Quem é o responsável – os seus sentimentos ou as suas ideias? Tudo que me possui é seu – o fluido amniótico, a luz, o cheiro, o gosto, o barulho, eu estou envelopado nisto tudo! Veja só! Estou sendo absorvido.*

*SOMA: Depois de te absorver, vou te empastelar. Tudo urina, merda e piedade. Você pode idealizá-lo: com certeza você vai obter um bom preço por ele. Me abençoe: eu também estou sendo absorvido. Socorro!*

*PSIQUE: Isso é que dá penetrar para dentro e para fora. Eu estou confuso.*

*SOMA: Isso é o que ocorre quando não se penetra – você emerge ou submerge.*

*MENINO: Deixe que eles se virem. (pp. 434 e 435)*

As estranhas turbulências, luzes e barulhos dentro do útero, à medida que Psique e Soma se separam um do outro, lembram a luta original na selva – aquilo que Bion, em *The Long Week-End*, chama de a "noite real". Eles são "capturados numa rede de águas turbilhonantes" sob o olhar de Leonard (Leonardo), Krishna, e Milton com o seu "infinito informe" (p. 430).

Esta cena prototípica de caçar, penetrar, submergir e absorver incorpora as origens primitivas do vértice artístico. O sonhador vai além das sensações de prazer e dor até fantasias de projeção e introjeção, e a partir daí fica irrevogavelmente trancado em um

# 88 SONHANDO AO REVERSO: *A MEMOIR OF THE FUTURE*

diálogo com um Outro – um requisito fundamental para o pensar, se bem que o ponto de vista de Bion é que as protoconversas, na forma de sucções e ereções, já são a base de uma mentalidade pensante ou do seu oposto:

> *Mesmo o feto desenvolve uma capacidade para aquilo que mais tarde virá ser chamado de identificação projetiva. Em outras palavras, ele possui sentimento ou ideias primordiais com os quais tenta lidar por meio da evacuação destes – um mecanismo primitivo derivado talvez da capacidade física para evacuação, literalmente, de modo que o fluido amniótico torna-se poluído com mecônio. (Bion, 1997, p. 50)*

O drama das vinculações e evacuações foi posto a funcionar pela penetração inicial de um óvulo por um esperma "caracteristicamente nadando contra a corrente" (Bion, 1991, p. 429).[27] E no meio da confusão há um indício de que, de alguma forma, sob pressão da ideia subjacente (o instinto de vida dominante), podem existir outras perspectivas de "penetração" e "ideal-ização" que poderiam potencialmente relacionar "senti-ências" para "ideias", corpo para mente, com base na possibilidade de lembrar suas origens comuns.

O diálogo entre corpo e mente é um motivo tradicional na poesia, e sempre forneceu uma base para o tipo de situação filosófica imaginativa a respeito das origens mentais em relação às quais Bion está interessado, e isso (na sua avaliação) o impactou inicialmente quando criança, ao perceber aquele animal no zoológico que estava friccionando musicalmente as barras de sua jaula. Marvell, por exemplo, opta por uma formulação religiosa-padrão

---

27 Na visão de Meltzer da vida pré-natal, a placenta já é experimentada como o primeiro objeto alimentador (Meltzer & Williams, 1988, pp. 43-44).

da guerra entre o desejo carnal e a moralidade espiritual, transformando-a numa investigação bioniana em relação à natureza desconfortável do conhecimento e o problema de encontrar uma forma estética adequada para contê-lo:

*ALMA: Eu sinto, que não consigo sentir, a dor*

*. . .*

*Constrangida não somente para aturar*

*Doenças, mas, o que é pior, a cura;*

*E, tão logo de volta ao porto,*

*Naufrago novamente na saúde.*

*. . .*

*CORPO: [falando sobre as "doenças" da emoção turbulenta]*

*Que conhecimento me força ao conhecer,*

*E que a memória não se antecipará;*

*O que, se não uma alma, poderia ter a sagacidade de me*

*Construir para me moldar a pecados?*

*O mesmo em relação aos arquitetos que talharam e enquadraram*

*As árvores verdes que cresceram nas florestas.*

*Marvell, "Um diálogo entre a mente e o corpo" (ll. 24-30 e 39-44, trad. nona)*[28]

---

28 Andrew Marvell (1621-1678) foi um poeta inglês, nascido em Yorkshire e educado no Trinity College de Cambridge. Era reservado, sem ambições, tinha um amor pela beleza e a paz que era arraigado, difuso, não apaixonado. Nunca se

O corpo é arruinado pelo medo, amor, ódio, alegria, mágoa "que o conhecimento me força a conhecer". Tal conhecimento faz com que ele se sinta forjado de uma maneira não natural, enquanto correspondentemente a alma "sente-se" aprisionada pela saúde corporal que insiste que ele "sente" quando ele "não pode sentir", e, em contraposição, ele gostaria de soltar os seus "feixes de ossos" (a mentalidade exoesquelética de Bion).

Um diálogo mais contemporâneo entre alma-e-corpo feito por Roland Harris persegue a imaginação especulativa a respeito do revestimento sensorial da alma no campo pré-natal, como faz Bion:

*Pobre amigo, onde a piedade*

*Sempre conviverá*

*Com uma placenta de aço,*

*Uma cidade de mecônio;*

*Placenta enferrujada*

*Há tempo privada de aço*

*Tanto tempo, depois*

*De sua armadura de dragão.*[29]

(Harris, *"Dialogue of soul and body"*,
não publicado, trad. nona)

---

casou, era religioso sem ser sectário, foi atraído pela política, sendo admirador de Cromwell como homem de ação. [N.T.]

29 *Dragon Barding Deed* [armadura para domar dragões] era um apetrecho autenticado manufaturado por ferreiros e usado para "domesticar" dragões do pântano. A armadura forneceria ao domador uma proteção extra, por absorver uma parte dos golpes recebidos. [N.T.]

O diálogo está redigido nos termos da lenda medieval de Tristão (a alma) e Isolda (o corpo), cuja tragédia é realmente que eles são incapazes de confiar um no outro, e o "aço" refere-se à "luz dura" da armadura polida do corpo que nunca permite à sua "luz suave" a direção inversa do nascimento, de modo que a placenta se enferruja envolta no amontoado de mecônio mole, muito depois da armadura de dragão, quando o esperma penetrou o óvulo. Mais tarde, Bion usa um padrão metafórico parecido na sua história do crânio "cretáceo" similar ao tanque, cuja dureza fornece uma proteção insuficiente aos cérebros "aluviais" colocados no seu interior. "Nós devemos ser aparentados," disse a mente de Bion; "Não com a minha ajuda," o corpo responde, suspeitoso da dominação por parte deste novo invasor.

A primeira imagem da comunicação criativa potencial é o diafragma, que o Grupo pós-natal imagina poder tornar-se uma "tela expressiva" em vez de uma "tela obscura", que poderia ser usado "como Picasso pode usar a lâmina de vidro": como "uma tela, uma cesura, um material resistente entre uma partícula e a seguinte", apresentando "um padrão significativo projetado contra o vidro" (Bion, 1991, p. 465). A mudança do meio aquoso para o meio gasoso é uma realidade que precisa ser encarada. Como Termo adverte *Em*, tendo como base o orgulho a respeito do seu novo endoesqueleto: "Se eu tomar emprestado um exoesqueleto, você nunca vai conseguir se livrar dele" (p. 431). *Em* diz, como a Alma de Marvell deplorando o seu naufrágio na saúde, "Eu posso nascer de uma maneira tão verdadeira e tão perfeita que acho que nunca vou me recuperar disso" (p. 432).

Na fábula de Bion, a nova mentalidade endoesqueletosa, baseada na disputa ou na comunicação entre psique e soma através do diafragma, representa uma mudança catastrófica a partir da qual não há volta. Só existe uma alternativa ao nascimento: a morte da ideia, pois, como reconhece P.A.:

> P.A.: *Uma ideia fetal pode matar a si própria ou ser morta e isso não é somente uma metáfora. As metáforas podem ser fantasmas de ideias que desejam nascer, e não somente, como Berkeley disse a respeito de Halley, "fantasmas de quantidades já falecidas". (pp. 417-418)*

Como Bion coloca em *Taming Wild Thoughts*, "se bem que tendemos a mudar as nossas observações afastando-as do corpo para a esfera da mente, o corpo não cessou de existir"; as associações livres não querem dizer que "os fatos não eram fatos" (Bion, 1997, p. 44). No seu ponto de vista, a base corporal da mente com os seus "vestígios" arcaicos é a chave para a nossa capacidade de conter ou simbolizar o significado. Durante o curso de *The Past Presented*, a "impenetrável complacência" de P.A. é gravemente espicaçada pelo contínuo linchamento por parte de outros personagens do livro; buracos são cavados para a entrada da compreensão. O seu próprio "balão inflável" de jargão (como eles o denominam) está no processo de tornar-se uma metáfora pregnante: não para ser descartada como "*só* uma metáfora", mas a metáfora como um corpo capaz de conter a ideia nova, em virtude da ligação de vértices em algum tipo de forma estética – "ficção científica".

## Correndo em volta da circunferência: menos AOC

> *Na idade de dezenove, ele disse, suas trilhas estavam estabelecidas.*

*Ele se juntou aos Tanques para penetrar o segredo*
*De suas forças, e inflamado por uma curiosidade*
*Intrusiva, ele observou em seus solos pátrios*
*As manobras de treinamento na medida em que os*
*Tanques, vagarosos*
*Como Sáurios em algum ritual de acasalamento,*
*Se encavalavam pesadamente subindo a montanha.*
*Divertindo-se como se numa brincadeira, os*
*pequenos Tanques*
*Tiranossauro e o jovem estegossauro*
*Sacudiram entre eles o seu cérebro rudimentar*
*comunitário; mas*
*Uma localização permanente para esta anomalia no*
*interior*
*Das suas armaduras, nunca foi encontrada.*

Williams, "Confessions" (ll. 281-294)

Na mitologia da condição humana de Bion, a capacidade para pensar é uma extensão tão recente das capacidades do cérebro que o corpo como um todo é passível de rejeitá-lo de uma maneira análoga a um corpo estranho. Conseguiriam os humanos tolerar esta gravidez-doença que não é bem-vinda? Antes de desenvolver mais a história da evolução da nova Ideia, gostaria de acrescentar um quadro da alternativa equivocada a "nascer": o estado de menos AOC[30] – o escape da emocionalidade na direção de uma autopreservação ilusória, seja esta do corpo rejeitando a alma, seja a alma rejeitando o corpo. "O impulso a inibir é fundamentalmente uma inveja dos objetos que estimulam-o-crescimento", como Bion (1970) formula em *Attention and Interpretation* (p. 129). A couraça

---

30 Sigla para Amor, Ódio e Conhecimento. Em inglês: Love, Hate, and Knowledge (LHK). [N.T.]

de – AOC que frequentemente toma a forma do jargão psicanalítico e de uma ciência de vértice-único – leva à "calcificação" das artérias mantenedoras de vida. O exoesqueleto da obediência, da arrogância, da santimônia, ou da respeitabilidade significa que a ideia não pode nascer, mas morre *in situ* – como no dia 8 de agosto em Amiens, quando Bion diz que ele "morreu", mas que seu corpo sobreviveu à sua alma.

"Qual o sáurio que engendrou o pensamento?", pergunta P.A. em *The Past Presented* (Bion, 1991, p. 352). Olhando retroativamente para o livro anterior, *The Dream*, nós lembramos a confrontação que ocorre entre dois dinossauros, e a hostilidade engendrada por suas suspeitas de que um continente para os pensamentos poderia estar se desenvolvendo entre eles:

> *ADOLF: Que coisinha é essa que você tem aí?*
>
> *ALBERT: Um cérebro rudimentar.*
>
> *ADOLF: Hummm . . . não gosto dele. Preste atenção nas minhas palavras, ele vai explodir a sua cabeça! Chacun a son gôut. Ow! Que é isso? Você empurrou seus pensamentos para mim, sua criatura vil. . . . Se este estúpido Albert pensa que eu não consigo mastigar a sua armadura!*
>
> *ALBERT: Se este estúpido Adolf pensa que a minha armadura não pode desgastar os seus dentes!*

Em vez de considerar como promover o desenvolvimento da mente a partir do cérebro, eles fazem uma tentativa mútua de comer um ao outro. Bion chama esta batalha de "Sade contra Masoch. . . . Observe a Cabeça Devorando o seu Rabo" (p. 119), porque os dinossauros não conseguem entender que comer e ser comido são, na realidade psíquica, meramente partes do mesmo processo reversível: "O Tiranossauro não gosta de ser comido ... o que era divertido e satisfatório era a mesma atividade quando a perspectiva era revertida e, no entanto, sentida como muito diferente – ou pelo menos era o que parecia. Ela não era diferente, e sim revertida". Eles estão tão entretidos brigando que sequer se dão conta de que são espécies "já extintas". Trata-se de uma caricatura antiestética da transferência-contratransferência na qual a ação substituiu o pensamento.

No entanto, diz Bion, estes "ossos mortos" de alguma maneira conseguiram "dar origem a uma mente" (p. 60). A "função preservativa da couraça" postulada pelo Sacerdote (p. 478) acaba se completando ou completou-se. Mais tarde, P.A. volta a estar em contato com o seu sentido sáurico de repulsa em relação ao monstruoso nascimento do pensamento: "Que monstro horroroso ele é . . . o produto tornou-se capaz de uma existência independente" (p. 352). O problema não é que a espécie não possui mente, mas que ela não sabe o que fazer com essa mente. Roland explica a confusão em termos estéticos:

> ROLAND: *É difícil acreditar que "a mente" – vamos provisoriamente chamá-la assim – não possuía fronteiras que sejam claras e obviamente circunscritas pelas mesmas fronteiras que o cérebro anatômico. É pior se isso for visto como estando inadequadamente apresentado por meio de sistemas analógicos. Considere, por exemplo, as lutas representadas pela abordagem que os gregos fizeram a este difícil problema... (p. 78)*

Não está claro onde é que se situam os limites da mente e de que modo eles se encaixam no nosso quadro do animal humano;

## 96 SONHANDO AO REVERSO: *A MEMOIR OF THE FUTURE*

não conseguimos compreendê-lo esteticamente. Nós vamos atrás de analogias sensoriais, mas elas podem ser inadequadas ou falsas, como na troca cômica com Tonks, o artista da guerra (p. 155), que resulta na imagem do tanque explodindo:

> *O'CONNOR: Fizemos uma fogueira legal. Alguns de nós, senhor, tentaram cair fora, e isso fez com que parecesse algo mais real. As vísceras escurecidas eviscerando-se do buraco do "monstro pré-histórico" – bem como aparece no jornal, senhor! (p. 156)*

"Parecer mais real" é uma forma de representação *trompe l'oeil*, uma realidade substituta a ser contrastada com "pensamento" (p. 158), algo corretamente representado pela elucidação feita por Leonardo da turbulência (p. 156). Rosemary, como O'Connor, está prestes a atravessar o filosofar circular de Roland para lembrá-lo, novamente, da sua própria beleza; ela, que é um avatar de Helena de Troia, não precisa "ir para a escola para aprender grego".

> *ROSEMARY: Eu aprendi tudo aquilo que eu queria aprender e em menos tempo do que foi preciso para você e todo o seu ciclo de vida de eructações. Eu aprendi, e Homero teve a sensibilidade de facultar a você também a aprender, que Helena estava em Troia. Um de seus imbecis o disse resumida e pontualmente. . . . "De qualquer modo, puta ou não puta ela se ofereceu a ele de graça", e é isso que iniciou toda a confusão. (p. 78)*

Do ponto de vista de uma perceptiva evolutiva, a mente pode estar ligada ao "nariz ou a qualquer outro dos órgãos não *insensoriais*" (p. 60), conferindo outro significado ao fato de estar sendo orientado pelo nariz: senso-nasal possuindo suas raízes na cesura nasal entre o líquido e o fluido que ancora o germe-de-pensamento e gera contos contados por um idiota, como Botton no *Sonho de uma noite de verão*. Do mesmo modo que o cérebro está suspenso nos canais nasais, Bion também sugere (seguindo um linguajar comum) que o senso do olfato simboliza o receptor desconhecido que, em contato com as origens aquosas da mente, pode reconhecer a essência de uma situação. "Retornando a uma visão narrativa da situação, o olfato pode ser um dos métodos de comunicação de longo espectro" (Bion, 2005a, p. 19).[31] No entanto, a humanidade se confundiu por meio de um "trunfo" que é indiferenciado de uma "excrescência" estúpida (como Dezoito Anos se queixou). Ele "começa a confusão", como Rosemary disse. "Não briguem", diz o Demônio no *The Dawn of Oblivion*, oferecendo polidamente a sua "excelente reação em cadeia": "Diga-me quando você estiver pronto e eu farei por você o que me for possível" (Bion, 1991, p. 463).

O resultado de não conseguir sofrer a confusão engendrada por pensamentos sendo impingidos no interior da nossa mente fica retratado no episódio do Final da Copa em Wembley. O Final da Copa recapitula a Corrida descrita no *The Long Week-End*, na qual o jovem Bion se rebelou contra as intoleráveis "ambições iniciais" despertadas pelo peso do passado cultural e exemplificadas pelo professor de letras clássicas que era o seu primeiro rival na Corrida Escolar de longa distância. Apesar de Bion dizer que nos seus esportes preferidos ele em geral chegava muito perto de "jogar por puro prazer", a circunstância memorável da Corrida pretendia

---

31 Gerard Manley Hopkins, um dos poetas favoritos de Bion, escreveu a respeito da conexão entre identidade e olfato ou gosto: "meu *selfbeing*, minha consciência e sentimento do meu *self*, aquele gosto de mim mesmo, de *eu* e *mim* sozinhos e todas as coisas que eram mais distintas do que o gosto da cerveja ou da pedra ume, mais distinto do que o cheiro da folha da avelã ou da cânfora" (Hopkins, 1953, p. 297).

98 SONHANDO AO REVERSO: *A MEMOIR OF THE FUTURE*

demonstrar a configuração mental oposta: não tanto um recuo do conflito estético quanto uma reversão deste, inspirada-no-terror. Isso se tornou associado mais tarde com o DSO, que ele viveu como uma cicatriz de cumplicidade em relação à mania política, em vez de um emblema de honra. Ele o sentiu como uma "sentença de uma certa morte", tanto física quanto mentalmente (p. 149). Como o dinossauro, Bion sentiu que precisava expelir os pensamentos que estavam sendo impingidos para dentro dele pelo seu alter ego, o amante-dos-clássicos, e a emocionalidade que eles despertavam. Eles podiam somente ser expelidos pela ação – por meio do correr como se fosse em busca da própria vida. "Agora a Mente . . . você simplesmente a experimenta", diz Alfa no *Memoir*; "simplesmente atrele isso a suas percepções sensoriais!" (p. 60). Trata-se de um "novo brinquedo" do *Homo sapiens*.

Quando a Mente é usada para o *acting-out* no lugar do pensar, como um tipo de ciência de vértice-único, ela leva a uma catástrofe no sentido do desastre. A catástrofe final do homem sáurico está profetizada pelo Sacerdote no seu sermão-solilóquio extático:

> *SACERDOTE: Rudyard desistiu de Kipling. Ele iniciou sua corrida para a meta.[32] A entrada principal vem de fora. . . . Ei-lo aqui acabando de fazer a curva! Vejo! Ele está usando, em lugar de uma bola, uma bomba atômica, e. . . . Somente eu escapei para vos contar. Que dia maravilhoso é este! Claro, silencioso e desolado. Não há nada para ver, a não ser estes blocos de rochas gigantes; eu me posto em cima de um deles para vislumbrar o horizonte, uma linha brilhante enfática que separa esta desolação brilhante do negrume ilimitado*

---

32 Em inglês, *wicket*, que vem a ser a "meta" no jogo de críquete. [N.T.]

*que é absoluto – não é tão frio e tão inamistoso quanto o googly[33]. . . . Aquilo que está ainda por vir ainda é inseguro. O homem é um experimento descartado como os mamíferos, como os sáurios, como o fogo, como as centelhas que voam para cima, como problemas quando não há mentes para experimentá-los. (p. 398)*

Nenhum continente, ele adverte, foi encontrado para o significado; o significado não foi sofrido – quer dizer, capturado em forma estética e pensado plenamente. Em vez disso, a mente tem sido usada como uma bomba atômica num jogo de futebol nuclear – o homem sagaz construtor-de-ferramentas com a sua teoria do Big Bang. Essa é a falha histórica extrema da formação de símbolos, equivalente àquela data em que Bion diz que ele "morreu", seu corpo continuando a existir muito tempo depois que a sua alma já tinha sido extinta pela guerra: "A data em –K é 7 de agosto e 8 de agosto" (1918) (pp. 155, 257). Isso é "A-teísta, A-cronológico, A-moral, A-estético" (p. 159) – o oposto de religioso, científico e estético.[34]

O endurecimento do continente numa falsa armadura mental que não pode expandir esteticamente em resposta aos pensamentos que estão tentando entrar lá é pictorializado por meio dos tanques da Guerra. Ostensivamente construções científicas, eles pervertem o deus-Tigre da infância de Bion num tipo de pseudo mãe vingativa, a qual (em resposta a uma onipotência infantil incontida) é levada a explodir ou incinerar todos os bebês internos em vez de dar nascimento a eles. Isso nos traz a questão de reconhecer o

---

33 No críquete, o *googly* designa uma bola que é lançada e, ao chegar na base, sofre uma torção para a direita em função de um efeito que lhe foi conferido no lançamento. [N.T.]

34 Bion (1991) assinala, no entanto, que muitas pessoas experimentaram a morte mental, e que o único requisito para tanto é ter experimentado a vida (p. 178).

## 100 SONHANDO AO REVERSO: *A MEMOIR OF THE FUTURE*

vértice religioso, que está representado na sua forma mais sofisticada pelo Sacerdote, e que se impõe na sua forma mais primitiva
como *Arf Arfer*, ou como a voz alucinatória de Alice.[35] Do mesmo
modo que ocorre com os três vértices – o artístico, o científico e o
religioso –, ele é mais vividamente retratado por meio da parábola,
do mito ou do sonho. Um desses episódios é a "caça da marmota"
no *The Long Week-End*, expressando um quadro do estado de latência (para o qual também Bion usa a história de Palinurus)[36] com
a sua tentativa de evitar toda a consciência da turbulência e de ra-
cionalizar seu medo do Desconhecido, o qual, portanto, aumenta
até um "pavor inominado" por meio de um cisão cat-astrófica.[37] A
Caça da Marmota é ressonhada no *Memoir* junto com aspectos da
Caça do Tigre visando demonstrar a realidade do Grande Gato Rá.

## O Grande Gato Rá

> *Aquela noite Arf Arfer chegou*
> *Instaurando o terror como rei dos reis, o sol*
> *Obscurecido pelo bater de suas grandes*
> *Asas negras. A caçada tinha matado um tigre,*
> *E a tigresa rugiu em relação a seu macho*
> *O seu réquiem. Luz intensa, escuridão*

---

35 A voz às vezes é ouvida também por outros personagens, mas é Alice que se
torna responsável por ela.

36 Ver, por exemplo, Bion (2005a, pp. 101-102, 1985, p. 17). Como ele aponta nos
seus *Tavistock Seminars*: "nesses tumultos – como o período da adolescência
do indivíduo –, vários traços que estavam latentes ou não observados de ante-
mão se tornam aparentes, às vezes negativamente" (Bion, 2005b, p. 71).

37 *Cat-astrophic splitting*, jogo de palavras visando ressaltar aquilo que vem em
seguida, o Grande Gato (*Cat*) Rá, condensação da tigresa enfurecida com a
morte do seu macho e do gato Tibs da infância de Bion (*vide* Nota 43 deste
capítulo). [N.T.]

*Intensa; e subitamente a escuridão se instalou e um*
*barulho –*
*Um barulho real – estourou para a frente...*
*O Grande Gato Rá armou-se até os dentes, já não*
*Contente em absorver passivamente seus pecados*
*Com um sorriso enigmático.*

Williams, "Confessions" (ll. 119-131)

Saindo da domesticidade do gato-de-estimação emana "uma noite real, um barulho real". Como o Tigre Tibs explica, "as crianças endiabradas ... não conseguem sequer diferenciar entre um vaso de flores e um vaso grávido". Estes "meninos e meninas riquinhos" sentem sinais precoces desconfortáveis de crescimento em seus "tolos e entediantes velhos jardins" (do Éden), no entanto, o mundo adulto reage recatadamente a tais sinais precoces e parece somente interessado em manter as convenções sociais ("a superfície lisa do Mediterrâneo", na história de Palinurus). A cena começa no Livro Três com Tibs dormitando ao sol, espelhando a preguiça da latência:

> *TIBS: É gostoso se esticar no sol. Não que exista tanto sol assim. Quando existe, aquela Madame-Birrenta manda aqueles danadinhos lá pro sol. Ela não teria feito melhor segurando-os no útero? Eu não posso criticá-la se ela empurra os diabinhos para fora ao mesmo tempo. . . . Os sabujos do inferno sempre se comportam como um feto – onipotentes, tão velhos e tão sabichões quanto Deus, impossíveis de serem ensinados. . . . "Que barrigão!" o Menino disse para sua tia. De fato esta foi a única observação científica que*

102 SONHANDO AO REVERSO: *A MEMOIR OF THE FUTURE*

> *ele tinha feito, mas a sua Mami disse que ele fora gros-*
> *seiro. (Bion, 1991, p. 440)*

A observação genuinamente científica do Menino é aniquilada e uma pseudociência prevalece com o estraçalhar do vaso de flores pelo taco de *croquet* à medida que o Gato é libertado numa caricatura do nascimento:

> *TIBS: Devo admitir que estou apavorado dentro deste vaso. Eu não posso deixar de correr – usando as quatro patas. Estúpidos imbecis! Ops! Vou subir na árvore e com as garras em riste. Sorte deles se eu não meter as minhas garras dentro deles no lugar da árvore.*

Neste sentido, as crianças vingam-se da sua própria cesura inicial, reforçando a sua onipotência abalada e provando "que é impossível ensinar". O episódio é interpretado pelas interjeições de um "Continente" e P.A.:

> *P.A.: Eles não se odeiam entre si – "eles" todos odeiam aprender – porque isso os faz desenvolver – faz com que fiquem inchados.*
>
> *Continente: Isto me distende. (p. 438)*

O Gato indignado assinala que "Na infância da raça, pelo menos, os egípcios respeitavam os continentes animais em função de seus conteúdos". Mas, como o Moriarty tinha dito no Livro Dois, "Eles pensam que vão se estilhaçar se houver uma chance de eclodirem após serem chocados" (p. 411). O Gato, com sua sabedoria milenar, reconhece que "O único momento em que nós compreendemos e nos encontramos é na hora da digestão e esta linguagem penetra – em ambas as direções – a barreira sensorial; o senso ali nascido é comum" (p. 440). A hora da digestão, pelo intestino, como pelo diafragma, simboliza o encontro genuíno de realidades, uma linguagem eficaz que penetra em ambas as direções – "um senso comum" nascido de um "senso que é comum" e não do tipo que, como P.A. adverte, "pode recorrer a armas comuns" (p. 417).

Como resultado da falha das crianças em digerir o significado da sua distensão-mental durante a latência, o Gato profetiza uma reversão de perspectivas: "Aguarde até que o Grande Gato Rá os agarre em seus sonhos". Muito certamente, quando o dia se torna noite, o caçador se torna caçado, como no momento da Caçada de Aniversário em que a companheira do Tigre – o seu outro *self* – voltou para instilar um temor reverencial no interior da cabeça-tenda do Menino:

> *MENINO: Noite... (e dorme) Tibs, você é um gato mimado [spoiled cat]. Não, não vale a pena você dizer que é um Tigre. Se for um tigre, você é na realidade um tigre mimado [spoiled tiger] – um gato que foi "estragado" e se transformou num gato bem dócil [pussy cat]. Cyril ri quando diz "dócil" [pussy].[38] Ele diz que se trata de um palavrão [gross word]. Mas não se transforme num gato grosseiro [gross cat], Tibs. Isso é alemão.[39] Eu espero que eu não esteja ficando com medo de um grande Kat intocado. Tigre... Tigre... nós*

---

38 A palavra *pussy* pode designar tanto um gato de estimação quanto o órgão genital feminino. [N.T.]

39 O termo inglês *gross cat* lembra o alemão *Großkatze*, que corresponde à família de felinos à qual pertence o tigre. [N.T.]

104  SONHANDO AO REVERSO: *A MEMOIR OF THE FUTURE*

*aprendemos na escola... brilho ardente.*[40] *Por favor,*
*senhor! Os olhos dele, senhor – que tremendas mãos*
*(ponto de interrogação) e que tremendos pés?*[41] *Uma*
*parada, senhor? Sim, senhor, uma pausa apropriada.*
*Se o vinho não consegue atingi-lo, as mulheres com*
*certeza conseguirão. Isso rima com poeira.*[42] *(p. 441)*

A sexualidade degradada – a "xoxota nojenta" [*gross pussy*], o
"tigre machucado" [*spoiled tiger*] – desemboca, do outro lado do
diafragma da consciência, no Deus antigo devorador, aterrorizador,
impregnado-de-pavor. Os olhos, os pés e as mãos aterrorizadores
do Tigre são associados pelo Menino com o poder das mulheres,
o qual, por sua vez, é inseparável do medo da morte (por exemplo,
no pesadelo recorrente da enfermeira); os comandos de batedores
militar-escolares do garoto já profetizam os bombardeiros "inten-
sos" do exército alemão. Os garotos e garotas riquinhos temem que
seus crescimentos – as suas distensões – estilhacem suas vestimen-
tas fulgurantes em pó. O Menino desesperadamente tenta retomar
o controle valendo-se das regras da gramática, representando as
regras da sociedade civilizada: "Uma parada, senhor?" Lembramo-
-nos do comentário da irmã de Bion no *The Long Week-End*, quando o seu trem elétrico sofreu uma pane: "*Full top?*",[43] um episódio
que Bion comparou à parada do seu tanque, anos mais tarde (Bion,
1982, p. 16); isso é também uma parte do sonho febril do Capitão
Bion sob bombardeio no abrigo subterrâneo (Bion, 1991, p. 54).

---

40 Referência à primeira linha do famoso poema "The Tiger", de William Blake.
  [N.T.]
41 Outra passagem no poema de Blake. [N.T.]
42 Do original: "If the wine don't get you the women must. It rhymes with dust".
  Jogo de palavras em que *must* rima com *dust*. [N.T.]
43 Confusão entre *stop* (parada) e *full stop* (ponto final), feita pela irmã de Bion
  quando soube que seu trem elétrico tinha pifado. [N.T.]

Também nos lembramos dos seus estranhos comentários a respeito de como o uso de uma bússola, com os seus pontos mecânicos de referência, é um "admirável substituto" para o fato de você estar completamente perdido (Bion, 1982, p. 208). Mas a pontuação com a qual ele tenta controlar o poder da imagem foi designada pelo poeta para projetá-lo mais amplamente. A despeito das "caixinhas definitórias" de gramática e etiqueta, o ritmo do poema – o espírito subjacente do crescimento com seu poder inerente – irrompe implacavelmente para revelar A Bela Adormecida que Bion denomina de o Grande Gato Rá.[44]

Rá é outro lado de "Arf", o riso estranho de "Our father which art in heaven" (Pai nosso que estais no céu), o precursor da mudança catastrófica com o seu potencial ambíguo. Por meio do "som débil" do *arfing,* Myself sente a aproximação do seu sonho generativo fundamental e a sua inevitabilidade:

> MYSELF: *Deus meu! Ei-los de volta novamente. Aqueles uivos! É sinistro. Acho que eles estão se aproximando. Aquilo! Aquilo. . . . Aquilo é um tigre. Não, Tigres são somente gatos. Isto não é um gato. Eis uma pequena história da Inglaterra produzida por Arf, arf, arfer. Sua hiena desgraçada! (p. 97)*

Para o bem ou para o mal, o vértice religioso – que é diferente da religião institucionalizada – possui o poder de estilhaçar o Império da Hipocrisia em razão da sua habilidade de induzir transformações oníricas que transcendem o controle do *self*:

---

44 No sétimo capítulo do Livro dos Mortos no Egito, o Deus do Sol Rá toma a forma de um gato chamado, simplesmente, "Mau" (gato) para matar a serpente Apep. [N.T.]

106 SONHANDO AO REVERSO: *A MEMOIR OF THE FUTURE*

*BION: Quem, ou o que, é Deus?*

*HOMEM: Você não sabe, mas você se comporta e pensa como se alguma força, que não é você, "exista". (p. 165)*

## Estranho encontro: Roland e Du

*Bem assim, muitas*
*Encarnações atrás, Satã esgueirou-se no interior do*
*Jardim do Éden envolto em uma névoa nascente, e*
*Inspirou a cabeça da serpente, possuindo-o*
*Com um ato inteligente, não abominando*
*O meu útero virgem – nenhuma costela do arcabouço*
*de Adão*
*Mas um enrubescer invisível na alva*
*Radiância da minha eternidade,*
*Um som inaudível, dor impalpável,*
*Não inferno, mas, inferno com força integradora.*

Wiliams, "Confessions" (ll. 79-88)

A força, não você que perfura a superfície lisa da mente vaso--de-flor latente que capacita o germe de uma ideia a entrar, é pictorializado por Bion numa pequena parábola que toma a forma de um encontro entre Roland e um elemento somítico ou pré-natal da sua personalidade denominado Du. Este "estranho encontro" (Wilfred Owen)[45] se entende por dia e noite, por um pensamento

---

45 Wilfred Edward Salter Owen (1893-1918) foi um dos principais poetas ingleses da Primeira Guerra Mundial. Sua poesia realista sobre o horror das trincheiras e da guerra química, que ele presenciou como soldado, contrastava com a poesia ufanista e patriótica de outros poetas como Rupert Brooke, citado por Bion. A maior parte de seus escritos foi publicada postumamente como

onírico, e por um pensamento de vigília. "A noite, o sonho, é uma 'aspereza' inserida na consciência lisa e polida da luz diurna; nesta 'aspereza' uma ideia poderia alojar-se" (Bion, 1991, p. 268).

Du, um "espécime de aparência horrível", não é reconhecido inicialmente pela mente, da qual ele é uma parte.

> ROLAND: *Você é um diabinho nojento. Quem é você? Você não é o demônio; seria um pesadelo, então? Não é um pesadelo? Mas você não é um fato.*
>
> DU: *Eu sou o futuro do Passado; a forma da coisa-a--existir.*
>
> ROLAND: *Tu não és um fantasma?*
>
> DU: *E eu consigo sorrir como um fantasma? O que você acha destes meus dentes? São todos meus. Eu me parafuso na sua psique—psique-alojamento nós chamamos isto. É fantástico.*
>
> ROLAND: *Sai daqui, seu demônio nojento!*

Du (nomeado a partir do "Tu", em alemão) é o inimigo íntimo interior: é o estrangeiro feio, selvagem, parecido-com-Calibã que é, no entanto, nativo ao território da própria mente. Ele possui dentes como um dinossauro e sorri como o Gato de Cheshire (que Bion associa com o poder da "abstração" [p. 209]), e compara o seu tipo de conhecimento com aquele de um feto: "Qualquer feto lhe diria isto". De fato, os dentes são, como todas as excrescências,

---

as poesias "Insensibility", "Futility" e "Strange Meeting". Suas influências foram a Bíblia e os *big six* da poesia romântica, em especial Keats, Milton e Coleridge. Em novembro de 1918, uma semana antes do Armistício, Owen morreu em combate, tornando-se um mártir da luta contra a estupidez da guerra. [N.T.]

108   SONHANDO AO REVERSO: *A MEMOIR OF THE FUTURE*

protopensamentos. A mente de Roland é definida como um tipo de útero, e a questão entre ele e Du é "como uma ideia emerge?" O que é que Du está faz-endo[46] "batendo perna pela redondeza?"

> ROLAND: *Que porcaria você está fazendo aqui Du?*
>
> DU: *Eu lhe disse que não era inferno – talvez eu seja segurado.*[47] *Eu posso me safar daqui facilmente.*

P.A. fala de "ideias [que] me seguram, eu gostando ou não" (p. 257), e o lugar de Du é "segurado", e não "um inferno" (p. 257). Ele objeta, de fato, quanto à rigidez das amarras passíveis de impedir o seu próprio nascimento em direção ao mundo do pensamento; entrementes, Roland é segurado desconfortavelmente por meio da ideia que ele sustenta – "a forma da coisa-a-existir":

> DU: *Eu não passo de uma ideia sua. Você me aborta se você ficar chutando a torto e a direito.*
>
> ROLAND: *Você não tem direito de ficar chutando por aí, já que não passa de uma mera ideia – mesmo que seja uma ideia na mente de Deus. As metáforas não têm direito de se comportarem com se fossem fatos.*
>
> DU: *Palavras, palavras; palavras não têm direito de serem caixinhas definitórias, impedindo o meu nascimento. Eu tenho direito de existir sem depender de um pensador pensando dia e noite. Vamos, entre.*
>
> ROLAND: *Não, muito obrigado, disse a mosca para a aranha.*

---

46 *Do-ing*, em inglês. [N.T.]

47 Trocadilho entre *held* (seguro) e *hell* (inferno). [N.T.]

*DU: Disse o feto para o pai – se é que posso usar metá-
foras tomadas emprestadas do mundo dos vivos. Uma
ideia tem tanto direito de enrubescer invisivelmente
quanto qualquer rubor. (p. 276)*

Roland está temeroso de "meter as caras" e cair numa armadilha, como a mosca em relação à aranha, o tigre em Gwalior, ou
o menino na tenda do *The Long Week-End*. No entanto, tudo é
recíproco e ambíguo: quem está caçando, comendo, absorvendo
quem? No entanto, diferentemente dos dinossauros canibais, Roland e Du estendem seus diálogos por meio do problema-chave da
formação de símbolos e da forma estética em busca de "metáforas
emprestadas do mundo dos vivos". Os limites discursivos usuais
da linguagem são inadequados; Du (como Hamlet, que ele cita,
II.ii.: 192) objeta quanto ao uso inadequado de "palavras, palavras,
palavras", como se fossem uma carapaça semelhante a um tanque,
impedindo a liberação do significado.

O diálogo-onírico entre Roland e Du traz-nos então de volta ao
aspecto principal do *Memoir* – a relação entre experiência e forma
estética: o problema de usar palavras não como uma proteção contra o conhecimento, mas artisticamente, como continentes capazes
de encerrar uma "aspereza" além da sua forma gramatical lisa, do
mesmo modo que a escultura captura a luz além da sua forma sensorial tangível ou como as pausas na música (pp. 189-190). O que
se requer é um casamento da arte com a ciência, de metáforas elás-
ticas com fatos duros na área dos sentimentos – uma mancha na
radiância/radientes/radiantes brancos da eternidade (Bion brinca
com todas essas variações). Trata-se da mancha que torna visível a
ideia suprassensorial que a transcende.

À medida que os sentimentos – as ideias fetais – emergem
explosivamente, o Sonho caótico e confuso busca um lar e uma

110    SONHANDO AO REVERSO: *A MEMOIR OF THE FUTURE*

transformação. Portanto, quando Roland, manchado pelos Duzismos internos, pergunta "Quem vai comprar meus pesadelos?", P.A. se oferece para assumi-los: "Eu vou. Se você tem lágrimas para derramar, derrame-as agora" (p. 282).

## A Festa do Tempo Passado

> *Senhor, você escreverá! Sim, agora ele poderia escrever*
> *A respeito de sua mãe. Agora ele poderia conferir nomes*
> *àqueles*
> *Ante Agamemnona multi, os não incensados*
> *Heróis e as heroínas de sua vida interna:*
> *Kathleen que teve a coragem de tornar-se*
> *Uma criança grávida com um olhar feroz;[48] Colman*
> *Que mostrou para ele Ely cavalgando nas nuvens.*
> *A idée mère grávida que prenunciava*
> *A perda da memória e de desejo.[49] Ele cantou*
> *Auser e Roland aqueles que ele amou, e que mostraram bravuras*
> *Em relação ao tiro caçador do Homem invasor – o Homem*
> *Que acreditava na bondade de Deus, ele próprio*
> *Um avatar de Deus, armado não*
> *Com um trem elétrico de brinquedo, mas com uma arma*
> *Automática de chocolate alimentada com um fogo relampejante.*

---

48 Kathleen enfrentou a mãe, Mrs. Rhodes, dizendo na presença de todos, com um olhar ardente, que era uma babaquice ir à missa para ficar ouvindo as enrolações do pároco, Mr. Philson, que parecia uma velha cacatua. [N.T.]

49 Trata-se da Catedral de Ely, já mencionada. A *idée mère* é um conceito de James Joyce para certas ideias que provocam reações procriadoras. [N.T.]

*Sim, eis o seu uivo! chamando seu parceiro,*

*Chamando o seu parceiro para a dança que irá acontecer.*

Williams, "Confessions" (ll. 430-447)

O prospecto temeroso do encontro de um grande grupo no qual todos os personagens se juntam e confrontam os seus aspectos reprimidos, fantasmáticos ou perdidos, com toda a emocionalidade intolerável que isso engendra, permanece no ar por algum tempo, antes que isso ocorra no final do Livro Dois. "Todos mudam no Purgatório!", grita o guarda na Festa do Tempo Passado. O "campo em trânsito" do *setting*, apesar de ser um "buraco negro", é uma oportunidade para a mudança: isto é acompanhado pela música do "*blues* da ressurreição" e pela dança do "vir-a-ser" à medida que os personagens revisam a sua perspectiva na história.

Depois de Roland e Du, uma série inteira de "estranhos encontros" agora tem lugar em linha com a frase de Wilfred Owen "Eu sou o inimigo que você matou, meu amigo" ("Strange Meeting").[50] Os personagens confrontam-se face a face com partes de si mesmos que eles imaginaram terem sido obliteradas. O condensado de nuvens está espesso em função dos Fantasmas – os heróis que não foram incensados e as heroínas das vidas anteriores de Bion com quem ele perdeu contato por causa de seus prolongados "afastamentos de casa" durante a guerra – incluindo aqueles (como Gates) que "tornaram-se sãos antes que a guerra tivesse acabado" (p. 423). Na ansiedade crescente geral, Roland leva um tiro por parte do Homem para, logo em seguida, readquirir o seu lugar no "debate disciplinado": uma indicação de que Roland-Robin-Homem são aspectos rotativos do mesmo personagem. O Homem inicia

---

50 Neste poema, o mais famoso de Owen, ele promove um estranho encontro no Inferno entre as almas de dois soldados, um que foi morto e o outro que matou. [N.T.]

o revirar dos vértices – alguma coisa que é sempre ambígua, na medida em que é obscuro se ele era um mensageiro de Deus ou do demônio, se era um elemento de desenvolvimento ou de morte – do mesmo modo que "disparar" é também um trocadilho a respeito do surto de crescimento. O Homem assinala que a morte de Roland (o seu estado de transição) era essencial para que ele se tornasse "disponível para os meus propósitos", e P.A. faz a seguinte objeção: "Tom o enterrou e ele precisa ser descomposto" (p. 394).

A des-conformidade representa, de fato, a chave da mudança catastrófica no campo do purgatório. P.A. abre mão de sua "mente-encorajada", o seu "uniforme de herói", e encontra o seu fantasma:

> P.A.: *Eu mal o reconheci – trata-se do meu fantasma.*
>
> *FANTASMA DE P.A.: Eu morri na English Farm e venho trabalhando no purgatório desde aquela época. Eu temo que me torne como o P.A. Você só me enxergou envergando meu traje de herói. Eu estava com medo que você me enxergasse – como eu enxerguei o pobre Gates. (p. 423)*

Gates foi um dos tripulantes do tanque do Bion que tinha tido "um trauma de guerra" – o que, de acordo com P.A., significou que ele "alcançou a sanidade muito antes da guerra ter acabado". Bion encara o trauma de guerra em termos metafóricos, como a perda da couraça de autoengano seguida de um "banho de sanidade", ou seja, adquirir um contato mais íntimo com a verdade e a realidade.

Seja que o estranho encontro tome a forma de um fantasma--há-muito-esquecido, ou uma parte da personalidade tão escindida ou inacessível que chega a parecer estranha ou monstruosa, como um Caliban, esses encontros materializam-se em torno da presença de um "sentimento" que demanda reconhecimento. O Final da Copa ocorre no meio da Festa representando o vértice negativo: o escape do sentimento. A dança que constitui o clímax da Festa é o ápice de uma sequência que começa com a imagem da parede toráxica de Sweeting explodida "expondo o seu coração". Sweeting (cujo nome real era Kitching; *vide* Bion, 1985, p. 44)[51] era o estafeta de Bion, que estava posicionado ao seu lado e que, enquanto estava morrendo, suplicou que Bion prometesse escrever para a sua mãe. As palavras "Senhor, peço-lhe para escrever a minha mãe" assombraram a consciência de Bion a partir daquele instante. Nos termos da *reverie* autoanalítica do momento, Sweeting é o queridinho de Bion – a parte sensível dele mesmo que não corre na direção do sucesso, como ele correu naquela Corrida na escola, mas que o vinculava, em vez disso, com a mãe interna, na qual ele não suportava pensar – já que sabia que, se o fizesse, suas chances de sobrevivência seriam menores que zero. A roupa de campanha recoberta de glórias e mentiras "não conseguiu tornar invisível o seu coração que fazia sua vida escoar", tornando-se sinônimo de todos os exoesqueletos ilusórios (p. 44). A aparente insensibilidade da reação calada de Bion ("Não, vá pro inferno!") é proporcional à profundidade da sua piedade, que ele sentia ser insuportável.[52] Sweeting foi o seu primeiro bebê, tendo se transferido a si mesmo para o Bion-aos-20-anos na função de mãe, na ausência de qualquer outra.

---

51 Note-se a substituição da ideia do *kitsch* (a arte nostálgica, sentimental) com sua verdadeira doçura, e o seu vínculo com o desconforto que Bion frequentemente passou a expressar a respeito de sua própria "sentimentalidade" (como ele imaginava que seus sentimentos pudessem se apresentar diante dos olhos alheios).

52 Compare-se à "crueldade do episódio com sua filha quando bebê no contexto da fé psicanalítica" (Bion, 1985, p. 70).

# 114 SONHANDO AO REVERSO: *A MEMOIR OF THE FUTURE*

Talvez tenha sido neste ponto que Bion adotou o "minúsculo esporo vestigial de crueldade" que diferencia a mente do cérebro (ou computador) e fundamenta o encontro psicanalítico numa moldura diferente seja daquela entre Sade-Masoch ou entre David-Absalom, que são esmagados pela intensa emocionalidade do relacionamento pai-bebê:[53]

> *ROLAND: Você não pode se contentar em possuir máquinas. Foi preciso existir alguma espécie de cérebro vestigial que pudesse programar o computador. O pequeno retalho vestigial de crueldade humana. . . . Onde está Robin? "Eles" devem tê-lo levado. Ah, finalmente o mar. Os brejos salgados, os gaviões chamando e as grandes nuvens aumentando bem acima. Será que a guerra acabou? Deste estado de guerra não há escapatória – não há escapatória. Papi! Oh Papi – me pegue, Papi! (Bion, 1991, p. 75)*

E o Papi interno responde: "Quisera Deus que eu tivesse morrido por ti. . . . Oh meu filho Absalom! Passado, presente e futuro, tudo paralisado num nada – o coração de um computador!" Seria Bion a criança, o pai, ou ambos? A única solução para a dor de Sweeting e de todos os outros bebês internos é fazer alguma coisa daquele pequeno fragmento vestigial antes que o problema se evapore como centelhas, se dispersando nas nuvens da eternidade

---

53 Absalom, terceiro filho do rei David, sendo rebelde, tentou usurpar o trono do pai. Curiosamente, Absalom quer dizer "meu pai é paz". David teve uma filha, Tamar, que foi estuprada pelo irmão mais velho Amon. Absalom matou o irmão numa festa para vingar a irmã e, ambicioso, planejou destituir o pai do trono, o que culminou numa batalha, em que Absalom foi morto por Joabe. No entanto, David nunca deixou de amar Absalom, e sua morte lhe causou profunda tristeza. [N.T.]

sem sentido. A crueldade está emaranhada com o desenvolvimento de um cérebro-mente para programar um computador; o objeto interno que pressiona o desenvolvimento é sempre experimentado como possuindo um vestígio cruel, como no episódio do *self*-bebê engatinhando em *All My Sins Remembered*. Se isso for considerado, e se não o deixarmos de lado, torna-se aparente como ele é também confundido com o objeto que fornece amor sensual e alimentação – "me pegue, Papi!" No coração da bela vida dos brejos salgados (uma metáfora para a própria vida) está o conflito estético, a união de amor, ódio e conhecimento. Esta guerra nunca acaba.

O estranho encontro com Sweeting na arena da memória "presentificada" (ressonhada) representa a ressurgência "da intuição feminina" na direção do pombal institucionalizado, simulacro de computador. Nesta altura, Rosemary emergiu como uma heroína de Bion ("Que mulher!", diz Sherlock Holmes [p. 300]).[54] Rosemary foi muito bem-criada pela "melhor das mães", a puta contrastada com a outra mãe, a "Mãe Inglaterra", que crucifica os seus filhos. Ela é associada, por meio do seu "duro olhar animal", com a criança grávida de "olhos ardentes" (p. 24);[55] com a ardente Kathleen do *The Long Week-End* (do mesmo modo que Alice); com a enigmática Mrs. Rhodes e seu suado conhecimento da vida e da morte; e, por meio da sua resiliência (ela possui uma alma prestativa/sola de uma bota servil [p. 424]), com a Aia da infância de Bion.

O órgão de controle de Rosemary está centrado na obsessão com os seus pés – o jeito que ela possui de atrair a atenção a si própria –, do mesmo modo (Bion assinalava) que a sua mitológica antecessora Helena é conhecida de Homero somente como um

---

54 Discuti a gênese de Rosemary como Musa de Bion nas "Raízes de Rosemary" (Williams, 2005b).

55 Referência a um episódio na guerra em que Bion, entrando num celeiro abandonado, deparou com uma adolescente grávida que, ao vê-lo, fugiu por uma escada. [N.T.]

116 SONHANDO AO REVERSO: *A MEMOIR OF THE FUTURE*

movimento que ocorre nas muralhas de Troia, e a sua beleza física nunca é descrita. Ela *é* aquele movimento que chama a atenção, uma dança que agita o ar, como a escultura que encarcera a luz. A observação de seus pés é considerada um treinamento observacional melhor do que o uso da fala articulada (p. 143). Como tal, Rosemary torna-se associável tanto com o infrassensorial quanto com o sensorial – evidência da "significância" do tipo de movimento quase imperceptível que evidencia a possibilidade do crescimento, aguardando o "instrumento revelatório" da recepção simbólica (p. 77). O "casamento" de Rosemary com Homem/Roland (depois do seu "assassinato") é uma ramificação da meditação shelleyana de Roland a respeito dos "matizes róseos da mancha na radiância branca da Eternidade" (p. 85), mais tarde associado com o "corar das paredes do útero"; há também um trocadilho entre o rosado/Rose (como ela é chamada pelo Homem num determinado momento [p. 165]). Associado com essas metáforas, há também um trocadilho entre *feet-foetus* (pés e fetos), como na expressão "membranas fetais" (*feetal membranes* [p. 434]),[56] que demarca seu único medo – o medo de dar à luz – e que está novamente associado com as "mãos e pés apavorantes" do Tigre.[57] Esta vem a ser a realidade subjacente que impede a mania messiânica que vai se configurando com este episódio.

"Eu permiti que a minha mente fosse me compondo", anuncia orgulhosamente Rosemary, enquanto dispensava o uso da sombra para o olho, a sua metáfora para as formas cosméticas de educação (p. 407).[58] Então, para sua surpresa, ela percebe que está "pulando miudinho" em função do Homem, o seu equilíbrio ficando transtornado, e ela confessa "sentir-se péssima" – uma palavra [*awful*]

---

56 Algo como "membranas pesais". [N.T.]

57 Referência ao poema "The Tiger", de William Blake. [N.T.]

58 Como no enunciado de Bion (1980) "nossas mentes são confeccionadas para nós por meio de forças a respeito das quais nós nada sabemos" (p. 69).

que está sempre tingida com o sentido que é "cheia de espanto reverencial" [*full of awe*]:

> *ROSEMARY: Eu me sinto péssima; sequer consigo desmaiar.*
>
> *HOMEM: Você precisa ser forte, você está dançando o fino. Como sempre eu me senti transtornado quando matei um homem pela primeira vez e percebi como ele ficou surpreso. Ele nunca percebeu que tinha sido morto. Atirar não é de todo mau quando você se acostuma com o choque.*
>
> *ROSEMARY: É um "choque" dançar com alguém – como se você não percebesse que pudesse ser "dançada com alguém". Eu suponho que P.A. pudesse entender isso como "sexual". O Padre diria que era religioso, como São Paulo sendo "convertido"...*
>
> *HOMEM: Os seus pés estão dançando legal.*
>
> *ROSEMARY: Eles estão me dançando; foi sem querer. Olhe para Alice – ela não o deseja mais do que eu. (p. 414)*

"'Foi sem querer' – as palavras mais tristes da língua", Bion comentou quando da morte de Sweeting. Mas também o mais tocante: "Papai me toque!", mesmo que o aparente sentimentalismo pudesse ser sentido como quase intolerável. "Eu morri por você", diz Roland para Alice, "mas você pensou que eu estava sendo sentimental" (p. 464),[59] Alice não conseguia suportar que alguém morresse por ela, do mesmo modo que Rosemary pudesse supor-

---

59 Trata-se de uma mudança evolutiva a partir do "rígido casaco de amor que lhe

118  SONHANDO AO REVERSO: *A MEMOIR OF THE FUTURE*

tar ser dançada por alguém. A tristeza – a consciência desta lacuna – é o primeiro passo do conhecimento. Como Bion coloca algures: "Este triste evento, esta experiência de tristeza – onde teria ela se originado? . . . será que poderia se originar no relacionamento entre duas pessoas?" (Bion, 2005a, p. 64). A distância emocional da criança Wilfred em relação à sua mãe tinha sido medida por meio da sua negação da tristeza no período que culminou com ele tendo sido enviado para a escola na Inglaterra: "Mãe-ê! Você não estava triste, estava?" "Triste, claro que não!", como está narrado no *The Long Week-End*. Os seus pais também confessaram tristemente que não tinham experimentado "as surpresas luminosas" da iluminação religiosa.

Agora, no entanto, os pais internos de Bion, sob a forma do Homem sucedâneo de Corbett[60] e a empregadinha sucedânea da Aia que pode resistir a qualquer manifestação de ultraje masculino, estão finalmente dançando juntos segundo um espírito de "conversão" religiosa e podem compartilhar suas experiências de "choque" – a rendição do controle onipotente que resulta em mudança catastrófica e na geração sexual de ideias, os fetos-pés. Até agora a emocionalidade intolerável – seja sexual, seja então de outra natureza – tem estado associada com o trauma de guerra ou ao seu equivalente pré-guerra na forma do sensível professor Colman com as dores de cabeça que o faziam cambalear, e com as "ambições incipientes" relacionadas com o desenvolvimento da personalidade. Da mesma forma que o coração de Sweeting bombeando para fora o seu sangue, o "ferimento fissurado de minha mente" está coberto com uma ineficiente "roupa de campanha de mentiras". "Você estava sempre martelando", diz Setenta e Cinco

---

caía como uma camisa de força" (Bion, 1991, p. 12), que é a situação que existia antes da "invasão" da English Farm.

60 Jim Corbett foi um ícone britânico na Índia que representava o herói-caçador. [N.T.]

Anos para Coração: "Se não com fúria, então com medo, mais tarde transformado em amor" (p. 452). Agora, na Festa do Tempo Passado, Rosemary toma a iniciativa de deixar cair as capas de cosméticos e de roupas de campanha de modo a "deixar que a minha mente me constitua" – um novo tipo de trauma de guerra.

## Trauma de guerra

> *Novamente os tanques resfolegaram e em seguida transmutaram-se*
> *Em flor e pararam, as vísceras enegrecidas*
> *Saltando para fora do monstro pré-histórico,*
> *E isto o transformou num simulacro do real, que bela fogueira!*
> *Seria aquilo, ele imaginou, a transformação*
> *Mais tarde assinalada a ele pelo idiota*
> *Inteligente? Pois se bem que a alma possa morrer, o corpo*
> *Viverá eternamente.*
>
> Williams, "Confessions" (ll. 350-357)

O problema surge quando a "função preservativa da carapaça" torna-se obsoleta e, no entanto, a inteligência emocional interior não consegue encontrar uma nova composição mental – uma forma que seja real, e não um "simulacro". O trauma de guerra é uma medida da dificuldade que o animal humano tem em tolerar uma mente sendo "enxertada no equipamento preexistente" (Bion, 1991, pp. 159-160, 168). O tiranossauro tinha se queixado que a sua armadura semelhante a um tanque o transformou num "alvo imobilizado" na "invasão"; no entanto – como assinalado pelo estegossauro –, se ele permitisse que seus pensamentos pairassem acima deles, "as suas dores de cabeça não teriam importância!" Os pensamentos que se alçam para cima de seus continentes rígidos são passíveis de expandirem suas sensibilidades de gosto, sensação e erotismo e, portanto, refinar suas possibilidades de comunicação (p. 84). Como Bion (2005a) disse em uma de suas conferências italianas:

> *Quando nós secretamos uma ideia, ou quando produzimos uma teoria, parecemos ao mesmo tempo estar precipitando um material calcário, nos tornamos calcificados, a ideia torna-se calcificada e então você passa a ter uma outra cesura impressionante a qual você não consegue romper. Um trunfo, uma teoria útil a respeito de consciente e inconsciente torna-se, então, uma desvantagem; torna-se uma cesura a qual nós não conseguimos penetrar. (p. 11)*

Um conceito que outrora fora ver-ídico (*truth-ful*) torna-se um tipo de mentira, recobrindo uma verdade que outrora fora conhecida por alguém. Ela se torna uma moralidade ou religião de vértice-único e é passiva de ser usada tiranicamente. Esse processo de calcificação, diz Bion, aplica-se ao "corpo inteiro do pensamento psicanalítico". Um tal corpo é representado pelo tanque de guerra similar a um dinossauro.

A história da fuga de Bion do tanque, narrada no *The Long Week-End*, é recontada no *Memoir* sob a forma de um sonho. Os pensamentos alçaram em cima deles mesmos e passaram a ser catapultados para o alto a partir da escotilha do tanque. A história torna-se uma parábola da relação entre o "cretáceo" (o material rígido ou calcário formando uma caixa óssea dura) e o "aluvial" (a matéria cerebral vulnerável e mole). O primeiro estágio na criação de um símbolo estético a partir da mixórdia de um evento factual consiste em definir a paisagem de operação biogeológica, e localizar o "oficial de inteligência" no interior dela. Quando um soldado tem seu cérebro expelido para fora da parte posterior da sua cabeça, Vinte chama aquilo de um "naco imprestável":

> *VINTE ANOS: Eu admirei o cretáceo gélido na frente. Se aquele atirador de tocaia puxar o gatilho, eu espero que possa sair um bom tiro entrando pela testa e saindo para fora na parte de trás junto com os cérebros que se parecem com um naco imprestável. . . . Eu vi aquela caca saindo para fora. . . . "Onde está o seu tanque? Para mim, você não me serve para porra nenhuma sem ele." (Bion, 1991, p. 454)*

A matéria-anímica suave emerge da casca do mesmo modo que na pré-história os mamíferos substituíam os dinossauros do período cretáceo, tornando-se um veículo mais adaptável para o novo funcionamento do cérebro. A estrutura geológica da paisagem do "*Front*" (testa), com sua transição entre o aluvial e o cretáceo, ecoa este terreno antigo onde a mente deveria ter sido originada. Portanto, Vinte narra simbolicamente a questão do seu Oficial de Inteligência:

> *VINTE ANOS: Quando eu me safei da Terceira Batalha de Ypres e mal sabia se estava vivo ou sonhando, ele me perguntou se eu tinha percebido o ponto em que o terreno aluvial se transformou em cretáceo. Eu nem mesmo consegui rir. (p. 453)*

Em nível de senso comum, o Oficial de Inteligência é um "imbecil metido a sabido", um daqueles cuja imaginação não consegue alcançar a "linha de fogo" e que permanece circunscrita à mesa-dos-mapas, do mesmo modo que Bion (1982) tinha descrito a sua confiança nas marcações-da-bússola como um substituto para saber onde ele mesmo se encontrava (p. 208). O conluio com a mentalidade da nave dos loucos na sala do Estado Maior, atrás da linha de frente, levava a um "terrível derramamento de sangue". Mas, em nível de sonho e de metáfora, as várias partes da mente de Bion estão se engajando num tipo diferente de oficial de inteligência interno, para encontrar a centelha vital de sabedoria que está escondida nas cinzas das guerras de tanques.

Cada vez torna-se mais claro que a carapaça-cretácea-do-tanque não é uma proteção perfeitamente segura contra a catástrofe quando se fia na impensabilidade. Quando usada *no lugar* do cérebro, ela atrai o desastre, como os tanques atraem os balões de observações dos inimigos se amontoado em cima deles. No entanto, há um outro sentido no qual os cérebros precisam se libertar de seus confinamentos e interceptar com o "O" através de um fogo-mental tocaiado, do mesmo modo que o Gato é liberado do vaso de flor grávido de modo que possa se transformar num sonho de divindade. As sementes para essa mudança catastrófica construtiva foram semeadas pelo sonho *presente* do Vinte e Um na medida em que ele revisita o momento em que abandonou o seu tanque durante a *Batalha de Happy Valley*. Os eventos literais daquele dia são recontados no *The Long Week-End*, mas a história aqui é contada de uma maneira diferente: ela é *sonhada*. Significativamente, Vinte e Um permite que a sua história seja contada pelo P.A. ("Quando eu era Vinte e Um..."), indicando em que grau o seu significado está sendo digerido por meio do próprio ato narrativo. O Grupo pós-natal acabou de concordar em formar um "pequeno comitê" e de cooperar na lembrança. Essa transferência mútua coloca a história em seu rumo na direção da forma estética, de um "debate disciplinado", como os pós-natais o denominam:

> P.A.: *Eu direcionei rapidamente o tanque de comando. Eu sabia que as armas navais de longo alcance poderiam nos atingir. "Saiam!" eu disse a eles, "e andem para trás até que ele seja atingido". Coloquei os controles na velocidade máxima e eu mesmo pulei fora. Ele se precipitou para a frente – pelo menos para os padrões daquela época –, de modo que nós mal conseguimos cambalear junto com ele. E então – então! – fui totalmente tomado por horror. Idiota! O que é que eu tinha feito? À medida que eu me arrastava e cambaleava em função de uma gripe que me entorpecera para tentar me acertar de novo com o tanque, na sombra do qual eu tinha ordenado minha tripulação para se proteger, a minha realidade fria e gelada revelou um fato: o tanque totalmente ileso com suas armas e munições e seus motores com 175 cavalos foi entregue às mãos do inimigo. Sozinho, eu sozinho tinha feito isso! Minha febre bateu em retirada tentando reconciliar-se com sua origem desconhecida.*

> SACERDOTE: *Como é que você entrou – batendo com suas mãos nas frias portas de aço?*

> P.A.: *Eu estava dentro; eu consegui entrar. Uma bomba de alta velocidade caiu; sem pensar eu passei a atirar através da escotilha à medida que as chamas da gasolina envolviam a carcaça de aço. "Senhor, o senhor está ferido? Não, caí de bunda. Mas o senhor está*

*bem? Claro! Mas por quê? Já pra casa – depressa!".*
*(Bion, 1991, pp. 475-476)*

No nível literal, como no *The Long Week-End*, o jovem oficial, sob a influência do *fog*, da gripe e do álcool, salvou a vida de si mesmo e de seus homens do senso comum da sociedade, e da loucura das armas comuns; escapando não somente das armas alemãs, mas da Corte Marcial Britânica (também uma inimiga da vida):

> *P.A.: Eu pensei que eu seria mandado para a corte marcial. Fiquei surpreso de ter contado uma história tão articulada, e coerente, que eu não consegui detectar um fio de falsidade nela. . . . Tudo mentiras, e, no entanto, tão completamente factual. (p. 475)*

No nível onírico, a imagem blaqueana do oficial projetando-se para fora do tanque em chamas e batizado pelas labaredas tornou-se – no contexto do livro – uma metáfora para o nascimento do pensamento, como Atenas brotando do crânio de Zeus. Foi naturalmente impossível para ele retornar ao tanque; porém, em termos metafóricos, o comandante do tanque é arrancado da sua couraça psíquica além das suas intenções conscientes, por causa do contato com instintos mais primitivos, apesar de mais finamente sintonizados, a partir dos níveis somíticos e somáticos de sua existência. A origem da sua "p.o.d." (pirexia de origem desconhecida) é, de fato, o "O". Ele sofreu uma "erupção de lucidez", uma "eclosão de sanidade". Temeroso de parecer um "idiota" ele momentaneamente se força a retornar a uma condição de obediência-às-ordens; mas então ele percebe que seu corpo e seu *self* estão tomados por uma força estranha, uma força que ele já esquecera que existia em seu interior. O significado penetrou o diafragma. A imagem de sua escapada se equipara, mas ao mesmo tempo inverte aquela imagem dos cérebros que evisceram da parte posterior da cabeça; as suas "reservas de inteligências escondidas" tinham sido "pressionadas", como estavam quando ele observou a infantaria "sonambúlica" que simplesmente não se movia, enquanto eles viam os tanques "resfolegando" na direção da própria destruição. Ele tinha se engajado com um tipo diferente de oficial de inteligência, um tipo diferente de sonambulismo atravessando os sonhos.

## Nascimento da psicanálise

> E, no entanto, eu sinto como
> A partir da beleza da minha feiura
> Poderá um dia saltar para fora uma mente, uma luz
> Mais brilhante do que mil filhos.

Williams, "Confessions" (ll. 66-69)

Os jovens tripulantes de Bion tropeçando na sombra do tanque, no fundo, crescem, configurando o seu "pequeno comitê" de Almas Pós-Natais (encontrado no Livro Três, *The Dawn of Oblivion*, p. 474). Eles são os fantasmas que se transformaram em seus filhos, o seu *self* multifacetado; eles ajudam a moldar o gênero da psicanálise como uma nova ciência-artística que Bion (1991) diz que está ainda na sua "infância tateante" (p. 130). O Grupo torna-se gradativamente cônscio do "Futuro lançando sua sombra para trás" – que é, como diz Alice, equivalente ao "Passado projetando a sua memória para a frente" (p. 469). A penumbra do passado e a penumbra do futuro convergem num facho de escuridão no presente. No movimento final do *Memoir*, que foca a ideia da morte como a próxima cesura no ciclo vital dos Em-maduros, eles usam a sombra para se proteger da extinção ao mesmo tempo que juntam os seus engenhos. Ao mesmo tempo, eles estão aprendendo a observar a sua própria função como capaz de registrar essa sombra numa forma que possua uma coerência estética. Quando eles são ao mesmo tempo observadores e observados, caçador e caça, todas as vozes podem estar "despertas" e apresentam seus vértices separados, não numa miscelânea confusa, mas num contexto de um "debate razoavelmente disciplinado" (p. 443). Torna-se imaginável que a própria fala pudesse possuir uma "realidade" tão grande quanto a ação, e manter um significado emocional:

> P.A.: *Nós não sabemos se esta conversa é "como" uma fala, um "prelúdio" à fala, a coisa em si mesma, factual, real. Pode tratar-se "disso", o que nossa vida tem nos levado a ser. (p. 477)*

Este prelúdio serve para o tipo de fala que é denominada "psicanálise"; a sombra do tanque, em vez de sua carapaça, poderia tornar-se um continente para encontros perigosos, como aquele entre as personalidades pré-natais e pós-natais (p. 551).

Agora se tornou mais claro em que sentido uma sessão analítica é "comparável a como entrar em ação", como Roland indagou e a que P.A. respondeu: "Qualquer um que não estiver com medo quando envolvido em psicanálise, ou não está fazendo o seu trabalho ou é inadequado para ele" (p. 517). Ela é tão perigosa quanto todas as formas artísticas que colocam diferentes aspectos ou vértices da mente em contato potencialmente explosivo um com o outro. A pressão aumenta para definir a utilidade da psicanálise – para apresentá-la como uma ideia viável. É provavelmente "muito tarde para brecar uma mente em desenvolvimento", diz resignadamente P.A.; "a única questão é como tirar o melhor proveito daquilo" (p. 474). Se praticar a psicanálise é "tirar o melhor proveito de um mau negócio", no entanto, ao mesmo tempo "sempre tem sido os maus negócios, os negócios odientos que para mim fizeram algum sentido" (Bion, 1985, p. 61): isto é, aquilo que organizou o seu grupo interno num padrão mais estético, tornando sua feiura bonita. Será que este método poderia ter uma relevância mais ampla?

O método capacita a mente, ou o par de mentes sob escrutínio, a negociar o processo de mudança catastrófica na sombra do futuro, gradualmente desenhando um "mapa de contorno" das configurações contribuintes e dos níveis de consciência (Bion, 1991, p. 470). A mente pode descobrir o que o corpo pensa e vice-versa. Aquilo que pode parecer um colapso terminal, ou um trauma de guerra, poderia ter uma inspeção mais minuciosa – como Roland sugere –, ser mais ambiguamente descrita como "Erupção (*break-up*), colapso (*break-down*), domesticação (*break-in*), irrupção (*break-out*) ou penetração (*break-through*)" (p. 539).

No entanto, será que a psicanálise deveria ser "considerada" do mesmo modo que os cortesãos engoliram as suas doses letais de religião de vértice-único em UR? P.A. ofereceu-a a Alice:

> *P.A.: Vem cá – chupe uma dessas pílulas psicanalíticas – bem devagar. Simplesmente a deixe dissolver em sua mente. Você a engoliu! Você não deveria ter feito isto. Não ia lhe fazer nenhum mal – só ia lhe causar uma pequena dor de cabeça. Mas ela iria se espalhar em todo o seu sistema e seria excretada inofensivamente pela sua mente. (p. 469)*

O estilo suposto-básico de dependência, da psicanálise, dificilmente será durável; no entanto, tomando UR como exemplo, ela

128 SONHANDO AO REVERSO: *A MEMOIR OF THE FUTURE*

provavelmente será assolada pela sua perspectiva oposta, a ciência de vértice-único.[61] Ela é tão ineficaz quanto um uniforme de campanha. O que é necessário é um aparelho estético que mantenha vértices diferentes em tensão e, ao mesmo tempo, alinhados com "O", o incognoscível. Vértices múltiplos – não sequenciais, mas simultâneos – podem sustentar mais significados: "Os fenômenos que eu encarei como conjugados e mentais são mais plenos de significados se eu os tivesse concebido como contemporâneos", diz Myself (p. 193). Portanto, quando Roland pergunta "Será que isto poderia ser feito sem um aparelho que fosse tão custoso em termos de tempo e dinheiro?", P.A. responde "Não; a dor mental requer um manuseio cuidadoso" (p. 535).

A espécie humana, como aprendemos a partir do episódio da Copa Final, está no apogeu de sua vulnerabilidade confrontada com uma mente que ela não sabe como usar; ela está em vias de tornar-se um dos "experimentos descartáveis da Natureza", como os dinossauros (p. 398), ou a desaparecer numa "lufada de fumaça" junto com as "torres encimadas por nuvens" das suas estruturas imaginativas (p. 540). Gradualmente, o comitê percebe que o melhor gênero para receber e conter "fatos" potencialmente explosivos seria uma forma de "ficção científica", a despeito de certa resistência inicial: "Mas isto é pura conjectura! Não há prova científica?" A despeito de várias tentativas de fazer ressurgir explicações "prematuras" (qualquer coisa que soe "mais razoável" e que se conforme à definição do Padre de verdade científica como "verdade modificada em mentira dentro do escopo da compreensão humana"), suas dependências da "ficção científica" para a sobrevivência são reconhecidas com relutância. Como todas as formas artísticas, isto é mais "evidente", "tornando a comunicação possível por meio da

---

61 No *The Long Week-End*, Bion (1982) escreve: "Eu senti que a religião não 'se impôs' tão efetivamente quanto a inoculação médica" (p. 117).

barreira" (p. 539). Pois a mente grupal expandiu-se das carapaças restritivas, tanto da ciência de vértice-único quanto da superstição tirânica, e está aprendendo a se engajar numa "imaginação especulativa ou razão especulativa". Isso estimula uma consciência pós-natal do talento adormecido pré-natal para "sensibilizar-se à iminência de uma sublevação emocional" (p. 538). A concentração no "padrão" o qual, como radiorreceptores, eles recebem e reconhecem no interior de si mesmos, domina gradualmente o medo primitivo de vir a ser "engolido" por ideias estranhas. Eles aceitam que a humanidade precisa desenvolver o "germe de fantasia" do qual tanto a ciência quanto a arte se originam.

Este é o germe associado com o "enrubescimento nas paredes do útero", o qual, como a mancha rósea na eternidade, indica um meio ambiente no qual um ponto de crescimento pode criar raízes. As metáforas de Bion se dissolvem umas nas outras na sua tentativa de indicar a natureza possível de um "fenomene"[62] de herança mental que poderia corresponder às leis biológicas da hereditariedade mendeliana, começando sempre como uma imaginação "inventada". Na medida em que se aproxima o nascimento da morte, o grupo tem premonições que se as "Almas pós-natais se juntarem ... uma mente será gerada", como se fossem "vermes num monte de esterco em decomposição", e isso os enche de ansiedade (p. 474). A emergência de ficções feiosas como vermes ou espiroquetas é coextensiva com o princípio de beleza – feiura que tem se desenvolvido através das eras, cristalizando em figuras como Helena, Rosemary e a Mulher Velha. "Será que a beleza poderia ajudar?", perguntou Rosemary no Livro Um, *The Dream* (p. 130). Agora Alice, por meio da sua suada identificação com Rosemary, está apta a especular ainda mais:

---

62 Os "fenomenes" são fenômenos contrastados com genótipos. [N.T.]

> *ALICE: Helenex de Troia, Cleópatra, são mais do que meras sombras do passado; elas poderiam ser sombras projetadas para trás pelo futuro que nós não conhecemos.*
>
> *P.A.: Saindo dos restos sifilíticos apodrecidos da carne humana.*
>
> *ALICE: Como você está expressando isso elegantemente, poeticamente!*
>
> *P.A.: Poderia o calor engendrado pela decomposição dar origem a uma nova forma de vida. (p. 486)*

A implicação de Bion é que, em função da educação artística ou ficcional, sensível à beleza-feiura e não a mentiras-moralidade, a psicanálise pode ela própria tornar-se uma "nova forma de vida", não somente (como nos alerta o Padre) outra religião da moda a ser seguida, mas da qual, na sequência, "nunca mais se ouve falar" (p. 544).

No "padrão subjacente a todos os exemplos", portanto, uma verdadeira qualidade estética deve ser encontrada se a pessoa vai "se abandonando" ao processo psicanalítico, o que requer que se fique focado no diafragma ou na cesura entre os contrários, de modo tal que as qualidades estranhas ou feias consigam encontrar seu lugar no padrão. O realinhamento é experimentado como "sentimentos" – uma palavra muito desvalorizada fora da poesia, mas uma palavra cujo significado Bion continuamente tenta restaurar e de novo tornar poética, pelo menos no contexto restrito da psicanálise. A partir do padrão que se configura na cesura, tendo por base tensões e interpenetrações, a ideia nova pode emergir na forma vagalumeante da especulação. Isso leva ao desenvolvimento estrutural da mente, algo que é lógico, mas não inevitável ou automático; na próxima fase, a cesura tornar-se-á uma tela receptora para sentimentos adicionais os quais, não obstante, seguem um padrão similar de resolução.

No início Em-maduro exclamou: "É terrível sonhar que eu possa me tornar um dia como o Termo. Se pelo menos eu pudesse ter certeza de ser narrado por um idiota, eu teria me conformado em ser *Nada*, mas" (p. 432). Na medida em que seu espectro de vida "chegasse a Termo" e ele se aproximasse do fim do seu livro "psicoembriônico", a metáfora da vida-após-a-morte torna-se sinônimo com a "existência independente" do próprio pensamento. O veículo anterior, como o tanque, é "nada" e o seu "conto" (história, ou ponto final) passa a ser tudo. Roland, satiricamente, expõe a complacência da definição de P.A. do estado "final" do homem como um estado de "cessar de existir":

> ROLAND: Por que "finalmente"? Esta conversa, levada adiante pela indulgência do próprio gás que garantiu nossa existência, pode ser um prelúdio para uma outra transformação no gás que nós usamos e abusamos. "Espírito" ou "alma" é como nós chamamos. Grandioso ao extremo. Homo sapiens! (p. 527)

A "amargura" de Roland, no entanto, resulta em que ele possa expressar um significado que o ultrapasse, e que ultrapasse P.A., a quem ele tinha chamado de "saco gasoso". A pausa do Grupo em silêncio como implicações de uma "vaidade inofensiva", soçobra. Suas conversas talvez se transformem: "Aquilo: o que [sua] vida tem produzido". O Espírito ou a alma parecem tão monstruosos aos Pós-natais quanto um bebê ao feto, ou quanto um "cérebro rudimentar" a um dinossauro. A "ideia fetal" é, portanto, alguma coisa que nascerá da junção dos vários vértices representados pelos

# 132 SONHANDO AO REVERSO: *A MEMOIR OF THE FUTURE*

membros do Grupo. Isso ocorre quando "os nossos *selves* pretéritos, terráqueos, anfíbios, písceos todos se encontrem no mesmo corpo no mesmo instante" (p. 501), e tomam forma por meio de uma metáfora como um "fantasma na expectativa de nascer".

A própria psicanálise constitui uma tal ideia. Ela existia platonicamente, do ponto de vista de Bion, como "um exemplo de um pensamento que, antes da existência de Freud para pensá-lo, já o era 'sem um pensador'" (p. 168). Como a Bela Adormecida, a psicanálise aguardava ser descoberta por uma mente ou configuração mental aparelhada para recebê-la. No entanto, quando surge a questão "Quem criou ou era proprietário da ideia?", o Padre responde com uma outra questão: "Quem tinha a propriedade do proprietário – Deus ou o homem?" (p. 561). Não se trata *somente* de uma metáfora para falarmos da "vida" das ideias, P.A. tinha dito anteriormente (p. 417). A ideia possui uma vida própria, mas não está necessariamente disponível para ser usada sem os seus "pensadores", os quais intermedeiam a sombra do seu futuro:

> BION: *Fantasia? Ou fato? Só fantasia, caso existisse alguma coisa a respeito das ideias que pudessem transformá-las em "generativas"! A transmissão de ideias pode não seguir as leis biológicas do sexo ou as leis mendelianas da hereditariedade. Alice pode temer . . . o movimento de um "fenomene" na sua mente. Quando uma "ideia" é criada surge, além da própria criação, uma série de reações à ideia criada.* (p. 572)

A "série de reações" – uma metáfora derivada da uma fissão nuclear – nos inclui, como leitores. Como uma *idée mère* joyciana (p. 196) ela gera processos adicionais de vir a ser.

O livro é, ele próprio, um daqueles diafragmas entre mentes que podem ou não se tornar uma tela receptora como a lâmina de vidro de Picasso. Potencialmente, ele é "polivalente", despertando identificações em múltiplas direções.[63] Como Shakespeare enunciou quando Próspero quebrou sua varinha mágica repassando o comando à audiência: "Seu suave sopro, minhas velas enfunará, / Caso contrário, meu projeto colapsará".

Literalmente, ele está solicitando aplausos; porém, como Bion, ele não deseja "uma admiração fantástica" mais do que deseja "uma hostilidade complacente". Ele está solicitando que o sopro de vida preencha o velame ou a cesura e acorde a bela adormecida da "psicanálise real" (Bion, 1997, p. 34). O sonho autoanalítico de Bion tem sido um processo de escavar essa realidade fundamental básica, subjacente. Ele encerra a centelha de sinceridade na qual outros podem aquecer suas mãos, tornando-se uma *idée mère*. Pois, como Keats disse na sua descrição do "Vale de formação da Alma": "Podem existir inteligências ou centelhas das divindades em milhões – mas elas não são Almas até que adquiram identidades, até que cada uma delas seja pessoalmente ela mesma" (carta a G. e G. Keats, fev.-maio 1819 [Keats, 1970a, p. 250]). O legado pessoal de Bion à humanidade é modelar o processo que Keats denomina de "um esquema pessoal e palpável de redenção". Contando com a reciprocidade de seus leitores, tal esquema pode tornar-se uma ideia generativa para "o crescimento da sabedoria"[64] – alguma coisa para a qual não há "substituto" (Bion, 1991, p. 576). O céu não está situado na chegada à estalagem (a "canção das sereias"), mas durante a jornada (Bion, 1985, p. 52).

---

63 Como na descrição de Bion (1977) de um estado de mente criativo, "polivalente" em vez de "monovalente" (p. 25).

64 Frase lapidar com a qual Bion encerra sua trilogia *A Memoir of the Future*, exortando a humanidade a optar pela sabedoria caso não queira ser relegada ao esquecimento. [N.T.]

134 SONHANDO AO REVERSO: *A MEMOIR OF THE FUTURE*

Bion questiona, no *All My Sins*, se nós somos capazes de reconhecer as "condições mínimas necessárias para o crescimento e nutrição de uma população de marinheiros, aeroviários, poetas" (1985, p. 55). Esse é também o foco crucial da última discussão do grupo pós-natal. Isso nos remete de volta ao início da jornada, aquilo que Roland chama de uma "ignorância sagaz" (Bion, 1991, p. 573): ao "Eu sou, portanto, eu questiono" (1985, p. 52). A essa colocação o P.A. responde a Roland: "A desconfiança serve ao vagalumear; a desconfiança mental nos preserva, por mais adequados ou reclamões que possamos ser". A partir de uma ignorância sagaz, como o esterco da putrefação da beleza, emerge uma nova visão – desde que nós não nos identifiquemos exclusivamente com a casca da personalidade.[65] Portanto, "retornando agora à sessão de amanhã: o que você tem a fazer é conferir uma oportunidade ao germe de um pensamento" (Bion, 2005b, p. 13).

*Será que a coisa possui uma existência independente?*

*Muito tarde, diz o pássaro gozador, muito tarde –*

*Ela se foi, relembrando todos os vossos pecados.*

*Ele não passava de uma pequena mancha*

*Na radiância vermelha da minha eternidade, o mero*

*Instante dos domínios infinitos*

*Do nosso vir a ser. Mas como nossas danças,*

*Como as frases do poeta, lançam as suas sombras adiante*

---

65 Na sua *Brazilian Lectures*, Bion (1973-1974) escreve que, quando o "pintinho" começa a ser chocado, "quanto mais a pessoa estiver identificada com a casca, mais ela sente que alguma coisa terrível está acontecendo, porque a casca está se quebrando e eles não conhecem o pintinho" (Vol. II, p. 15).

*Além do conhecimento da sua geração,*

*Nós podíamos visualizar a sua história como uma armadilha*

*Para a luz, fundindo com força integradora*

*Sua rede de contrários para gerar*

*Um padrão subjacente, um continente*

*Para aquele monstro horroroso,*

*O feto chutador do pensamento, produto do seu nascimento*

*E da sua morte – que, afinal de contas,*

*Não passam de direções diferentes da mesma atividade,*

*Portanto, se da próxima vez ele se empenhar em tomar forma*

*O final pode ser um final feliz.*

*(Williams, "Confessions", ll, p. 494-513)*

# 3. O germe em crescimento do pensamento: a influência de Milton e dos poetas românticos sobre Bion

> *Ou eles decairão e morrerão deixando para trás só*
> *uma casca, do mesmo modo que as regras aceitas*
> *para um poema poderiam abafar em vez de proteger*
> *o germe de pensamento em crescimento?*
>
> Bion (1985, p. 55)

A citação de *All My Sins Remembered* surge no contexto de Bion considerar quais seriam as "condições mínimas" para nutrir "marinheiros, aviadores e poetas". Protagonistas irreais abandonam suas "cascas" no interior das quais outros protagonistas podem projetar a sua própria autoimportância.[1] Mas, na medida em que o heroísmo na atividade mental ou na atividade física seja real, ele deixará um "germe de pensamento tentando crescer" depois que a casca corporal fosse perdida, e não o inverso. Este é o teste de um "homem serviçal genuíno", seja ele poeta ou não. Bion tinha

---

1 Algures, naturalmente, Bion (1970) nota a possibilidade adicional de que ideias genuínas possam desvanecer-se quando o seu hospedeiro estiver "sobrecarregado com honras a ponto de naufragar sem deixar qualquer traço" (p. 78).

138   O GERME EM CRESCIMENTO DO PENSAMENTO

a esperança que tais qualidades poderiam também residir no psicanalista.

No *Memoir*, ao descrever o sentimento de como "a luz começou a surgir" na sua própria mente, Bion relaciona junto com Milton, Virgílio e Melanie Klein, alguns de seus professores na escola – "homens que deveriam ser famosos" (1991, p. 560). Como ele diz algures (e repete com frequência),

> *[Muitos corações indômitos viveram antes de Agamenon, mas eles mergulharam naquela longa noite sem terem sido honrados e cantados, por causa da falta de um poeta sagrado][2]. . . . Eu não tenho queixas da complacência que é engendrada por um sentimento de sucesso quando se adquire um* insight *psicanalítico, mas é uma grande pena se isso tornar-se ossificado ou fibrosado, uma espécie de diafragma impenetrável que nos separa para sempre de nossos ancestrais. Se Horácio pudesse reconhecer a existência de poetas que o antecederam por muito tempo, não acho que haveria qualquer dano se nós também pudéssemos reconhecer a existência de nossos predecessores mesmo que nunca tenhamos ouvido falar deles. (Bion, 2005a, p. 23)*

Este capítulo é a respeito de alguns desses ancestrais aos quais é possível fixar um "rótulo", como Bion denomina um daqueles pensamentos errantes ou "selvagens", que chegaram a ele por meio de Shakespeare, na forma daquele verso aparentemente comum

---

2   Bion cita o original latino no seu seminário proferido em 1977 em Roma; o editor fornece a referência como Horácio, *Odes*, IV: 9.

"Garotas e garotos dourados, todos eles precisam, / como limpadores de chaminés, se transformarem em pó" (Bion, 1997, pp. 27 e 32).

Bion, desde a juventude, foi um leitor de poesia. Entre aqueles que ao longo da vida foram influências para si, ele nomeia Milton, Virgílio, Homero, Shelley, Keats, Hopkins, Herbert, Donne e Shakespeare, que ele chamava "o maior homem que jamais viveu" (Bion, 1991, p. 432). A poesia não estava sempre na linha de frente da teorização de Bion, mas certamente estava sempre na retaguarda dela, e, nos seus derradeiros anos de vida, ele fez um esforço especial para clarificar por que ele achava que a poesia era importante – para a psicanálise, talvez mais importante do que qualquer outra epistemologia. Numa introdução a uma projetada antologia de poesia para psicanalistas, ele escreveu:

> *Recorro a poetas porque eles me parecem dizer algumas coisas que transcendem meus poderes e, no entanto, o fazem de um modo que eu escolheria se tivesse a capacidade. O inconsciente – na falta de uma palavra melhor – parece a mim mostrar o caminho para descer "às profundezas"; os seus domínios possuem uma qualidade inspiradora de reverência. (Bion, 1985, p. 241)[3]*

Bion admirava os poetas não simplesmente por sua beleza de expressão, mas porque por meio daquele modo sensível "que ultrapassava meus poderes" eles alcançam um significado que os transcendia, fundado num contato especial com os processos inconscientes de pensamento. Ecoando a declaração de Shelley na sua *Apologia à Poesia* de que "os poetas são os legisladores informais

---

3  A antologia nunca foi completada nem publicada; Francesca Bion cita este extrato no seu "Elogio", em *All My Sins Remembered*.

140 O GERME EM CRESCIMENTO DO PENSAMENTO

do mundo", Bion estabelece o valor do "novo resplendor flamejante da verdade que os 'geradores' não conheciam porque aquilo não tinha ainda ocorrido – quando eles escreveram" (Bion, 1991, p. 234).

Gostaria aqui de inventariar brevemente a influência no pensamento de Bion dos poetas românticos, a quem ele denominou de "primeiros psicanalistas" (p. 385), e de Milton, o progenitor espiritual deles, mesmo que ambivalente. Milton é citado por Bion talvez mais frequentemente do que qualquer outro poeta, especialmente por aquela passagem do *Paraíso perdido* na qual Milton tenta chegar a um acordo com a sua cegueira, e pede à Musa Celestial para transformá-la em *insight*: "que eu possa ver e cantar as coisas invisíveis à visão dos mortais" (Milton, *Paraíso perdido*, III: 54.55). Bion frequentemente compara isso àquela citação de Charcot feita por Freud a respeito da necessidade de "cegar-se artificialmente" de modo a poder observar o mundo interno do *self* ou do paciente. Como Milton, ele se identificava com o artista-cientista Galileu, para quem a escuridão do céu noturno tornava-se o espelho para a noite escura da alma.[4]

Este emprego de uma visão mental telescópica está associado com uma capacidade de tolerar a solidão que resulta de um senso de exclusão em relação à visão cotidiana – o tipo de solidão que Bion (1963) diz prevalecer quando o analista adquire um "descolamento" necessário em relação a seus sentimentos primitivos ou extintos (p. 16). Estabelecendo um trajeto para o futuro psicanalista (Bion, 1970, p. 88), Milton se aventurou no "infinito vazio e informe" sem disfarçar seus temores (Milton, *Paraíso perdido*, III: 13), fazendo uma "tentativa séria" de formular Deus ou a realidade última (Bion, 1973-1974, p. 36). Ele estava "qualificado por temperamento e por habilidade estética" a ser um bom mentiroso, diz o

---

4 Metáfora usada no poema de São João da Cruz (1542-1591), poeta espanhol e místico cristão, em *A noite escura da alma*. [N.T.]

demoníaco Moriarty no *Memoir* (Bion, 1991, p. 353), mas "infeliz-
mente desperdiçou seus poderes louvando a luz sagrada". A moralidade (que vem de *mores*) é equivalente àquilo que Milton chama
a proteção da "praxe e da reverência",[5] alguma coisa que enrijece
se transformando em ortodoxia e moralização, e que Bion enxerga
como uma forma de mentira. A despeito de uma "confusão lógica"
resultante (como Bion a denomina) e da tentação do moralismo –
Moriarty, Milton se apega à sua musa interna e passa a seguir seus
"ditames" (Milton, *Paraíso perdido*, IX: 23).

Só, "porém não sozinho", como diz Milton; pois a Musa Celestial "visita [seus] sonhos noturnamente" e, por meio de palavras
oferecidas à Eva a "mãe da espécie humana", "Deus também habita
o sono, por isso, os sonhos aconselham" (Milton, *Paraíso perdido*,
XII: 611). A intuição feminina – Milton suspeitava – faz contato
com a verdade mais espontaneamente do que a razão masculina,
e está mais próxima ao discurso "intuitivo" que os anjos utilizam
entre eles mesmos do que a instrução didática que Adão recebeu
de Miguel ou Rafael. Como Bion (1977) expressa a questão, nós
estamos lidando com um "consciente vagaroso e pesado", tentando
dar conta de um "inconsciente flexível e rápido" (p. 25). A solidão
verdadeira, disse ele, ocorre quando o psicanalista torna-se "des-
colado" dos seus sentimentos primitivos, a fonte do seu sustento
mental (Bion, 1963, p. 16). No *Paraíso perdido*, Milton abandonou
a confiança na "praxe e reverência" da doutrina cristã em favor
de ir à busca das "coisas invisíveis", a despeito do fato de que isso
engendrava uma "estadia obscura no reino das trevas" (Milton,
*Paraíso perdido*, III: 15). Bion admirava o comprometimento de
Milton com a intuição inconsciente para ajudá-lo a trabalhar para
conseguir escapar da depressão (Bion, 1991, p. 663). Ele [Bion]

---

5 *Vide* prefácio de Milton ao *The Reason of Church Government Urged against
Prelaty* (1642/2003, p. 640), em que distingue a ideia platônica do bem da sua
máscara cultural, "praxe e reverência".

142 O GERME EM CRESCIMENTO DO PENSAMENTO

pinça de Milton, no seu livro *Lycidas*, a metáfora do rio Alfeu subterrâneo que periodicamente subia à sua superfície, de modo que isso criava uma turbulência, do mesmo modo que o númeno se sente impelido contra o fenômeno (Bion 1973-1974, Vol. 1, p. 41). Essa turbulência só pode ser vencida se uma habilidade puder ser desenvolvida para conter a ação, pois, como Milton diz no seu "Soneto a respeito da sua cegueira", "Há utilidade também naqueles que apenas aguardam". Isso (junto à "capacidade negativa" de Keats) subjaz à definição de Bion (1970) do sofrimento-como-paciência (p. 124) e à sua distinção entre a mentalidade complexa do sofrimento e a "dor" simples, do vértice-único. É da mentalidade poética ardorosa, que requer comprometimento e dedicação, que Milton se queixou amargamente quando escreveu que por meio da poesia um homem vem a ser "arrancado de toda ação tornando-se a si próprio a criatura mais desamparada do mundo" (Milton, 1972, p. 7). Pois, como Bion frequentemente nos lembra, o desamparo e a onipotência não podem ser entendidos separadamente, mas somente como um contínuo.

Contribuindo para a dificuldade do analista-poeta com este estado vulnerável, existe a gangue interna de pressupostos básicos que oferece a ele um escape da sua solidão ou, alternativamente, o aprisiona numa claustrofobia: "Eu mesmo sendo o meu sepulcro, um túmulo ambulante" como o Sansão do Milton o expressa (*Samson Agonistes*, l. 102), "um rato encurralado", como Bion (1982) o formulou (p. 282). A esperança de Bion quanto à ocorrência de um "debate disciplinado" no *Memoir* que possa se sobrepor ao "Hospício" das suas vozes internas, todas falando ao mesmo tempo, possui raízes no parlamento demoníaco de Milton, ou seja, o Pandemônio.[6] O "clamor da guerra da gangue psicanalítica", como

---

6  O nome Bedlam deriva daquele de um asilo mental inglês antigo (originalmente "Bethlehem").

Bion (1997) a descreve (p. 23), identifica não tanto um problema social quanto um problema interno, nas linhas da descrição de Milton da "turba selvagem" que cortou Orfeu em pedaços – "nem poderia a musa / Defender seu filho" (Milton, *Paraíso perdido*, VII: 36). Há um outro vértice neste sacrifício similar ao de Cristo no último drama de Milton, *Samson Agonistes*, em que o herói sofre uma mudança catastrófica com apoio de um impulso íntimo (l. 224), demonstrando a conclusão de Bion (1991) no *Memoir* que, metaforicamente falando, "o nascimento e a morte são a mesma atividade" (p. 352). Portanto, também Bion extraiu o título do segundo volume do *Memoir* – *O Passado Presentificado* – do "presente/Tempo passado" do *Samson*, indicando a forma na qual a memória revisa e revive "cesuras" anteriores.

Junto à emergência do "o vazio" surge a exploração pioneira de Milton da formação de símbolos e suas origens. As "origens duvidosas primordiais da mente" de Bion (1977, p. 38) possuem uma representação mais precoce das viagens de Satã, na medida em que ele se lança, voando com dificuldade, pelo "abismo" do Caos. O "obscuro palpável" da paisagem mental de Milton, complementado com buracos negros e bolsas de ar, fica mapeada em relação tanto ao sem limites ("o extremo") quanto às novas fronteiras (Satã "ganha a borda"). Transcendendo tanto o masoquismo quanto o fatalismo, o explorador satânico torna-se um tipo de Édipo (como Bion tinha inicialmente nomeado a "Investigação" na sua Grade) e aprende um novo tipo de linguagem que envolve a transformação de estados somáticos. Deus ensina Adão a sonhar, mas Eva é ensinada a sonhar por Satã. É o prospecto de Eva que inspira o "senso brutal . . . com um ato inteligível" da serpente e Adão capacita a falar "com uma língua vocal orgânica". Como Bion (1991) descobriu por meio de seu trabalho com gagos, o contato com "as modestas origens glandulares dos pensamentos" pode se desenvolver numa "linguagem que penetra", conferindo um novo significado ao "senso

144 O GERME EM CRESCIMENTO DO PENSAMENTO

comum" (p. 440). Isso se desenvolve pictoricamente em Milton por meio das ondulações serpenteantes da projeção e da introjeção. Essencialmente, Milton nos conta a história de como, por intermédio de Satã, um "germe de pensamento" (Bion, 1985, p. 55) se implanta na mente de Eva. Por meio disso, a espécie humana descobriu o "paraíso interior" (Milton, *Paraíso perdido*, XII: 587), e o caminho em direção aos "pensamentos que são generativos" (Bion, 1991, p. 572). Milton e Bion encaravam a poesia/análise como um caminho para a "sobrevivência mental" (Bion).[7]

O Satã de Milton era a encarnação original do "odioso sitiar entre contrários", a experiência do amor e ódio simultaneamente (Milton, *Paraíso perdido*, IX: 121-122). Isso então foi adotado por Blake no seu *O casamento do céu e do inferno*, para se tornar o fundamento da sua revisão pessoal da teologia aceita: "Sem contrários não há progressão. A Atração e a Repulsão, a Razão e a Energia, o Amor e o Ódio são necessários para a existência humana" (Blake, 1966, p. 149). Os "contrários" são emoções apaixonadas, porém conflitantes, que sustentam a realidade psíquica. Milton concebeu a queda de Satã não como derivada de orgulho (como tradicionalmente entendida), mas a partir da inveja – entendendo equivocadamente a natureza da sua contraparte, a gratidão. Posteriormente, Satã compreende que

*Uma mente grata*

*Por dever nada deve, mas ainda paga, ao mesmo tempo*

*Endividada e descarregada.*

(*Milton,* Paraíso perdido*, IV: 55-57*)

---

7  Tanto Bion como Milton tiveram esposas que morreram no parto – Milton pouco antes de iniciar *o Paraíso perdido,* quando já estava quase cego. Ele nunca conseguiu ver o rosto da sua esposa.

Ele não podia "sofrer" a sua gratidão/prazer (como Bion diria) e, portanto, tornou-se presa da sua inveja/dor, uma emoção de vértice único. Uma vez que o sistema de valor da inveja-gratidão tenha sido clarificado nesta jornada épica, suas implicações são perseguidas pelo "sitiar entre contrários" despertado pela beleza do homem e do seu mundo – O "pensando bem" de Deus (Milton, *Paraíso perdido*, IX: 101). Satã vislumbrou o Homem "de modo maravilhado"; "podia amar" este recém-nascido se não fosse em função do conflito interno intolerável que ele lhe causou. Esta complexidade de resposta é aquilo que Blake apreendeu, percebendo o heroísmo da luta. Seguindo o mesmo padrão, Bion expande a teoria da Melanie Klein da Inveja e Gratidão (a qual em si mesma refinou o princípio de prazer-dor de Freud) na forma blakeana de Amor, Ódio e Conhecimento, assim preparando a teoria psicanalítica para a formulação explícita do Conflito Estético. De fato, "pensando bem" – expressão encampada por Bion, evocando um jogo de palavras para o título de seu livro de 1967 (*Second Thoughts*).

Do mesmo modo que Bion com a sua Grade, Blake se sentiu induzido a "criar um Sistema". Ele vislumbrou este mundo de imaginação verdadeira como adquirido por meio de estágios graduais, que ele denominou de visão: bi, tri e quadrioculares. Em antítese a essa escada neoplatônica de *insight*, estava colocado aquele estado que ele denominou de "Ulro" (Erro). Este não era um lugar de uma emocionalidade desprazerosa como o ódio e a inveja, e sim um estado de "não entidade" – um estado de autoaprisionamento rodeado por impressões sensoriais sem sentido. Bion (1970) vislumbra igualmente, em contraste com os passos positivos da Grade, um "domínio do não existente" que alberga "não emoções" (p. 20), e cujo não significado ressoa na forma de alucinações ou tela beta.[8]

---

8 A tela beta exibe uma aglomeração inconsciente de "elementos beta", os quais não podem ser usados no pensar, apesar de poderem ser usados para alucina-

146 O GERME EM CRESCIMENTO DO PENSAMENTO

O estado de Ulro poderia soar racional e ordenado, mas é de fato "não organizado", na medida em que é meramente um continente rígido que abafa a investigação intelectual. Ele é habitado por aqueles que não possuem "paixões de si próprios por não terem intelecto": do mesmo modo que Bion (1967) descreve um estado no qual os vínculos ou relacionamentos podem parecer lógicos, mas, se não forem informados pela emoção, eles são inevitavelmente "uma falsa lógica" (p. 109). Durante a Guerra ele se aferrou a medições por bússolas, dizia ele, porque não tinha a "menor ideia onde ele próprio se encontrava" (Bion, 1982, p. 208), – um estado de substituição da realidade, recobrindo de forma ineficaz sua desorientação mental, que Blake emblematizou na sua famosa gravura colorida de Newton (razão) medindo a terra com seu compasso.

Bion (1991) disse que não estava interessado numa "representação *trompe l'oeil* do Paraíso", e que o mais próximo que ele podia chegar na formulação de "O" (Deus, realidade última) era "o amor apaixonado" (p. 183). Blake disse que a sua tarefa era "abrir os olhos imortais dos homens/ para dentro do mundo do pensamento" (Blake, *Jerusalém*, Imagem 5), e isso se tornou exequível somente por meio de poder "olhar através" da realidade sensorial: "Eu questiono, o meu olho corpóreo ou vegetativo, mais do que eu questionaria uma janela no que diz respeito à visão. Eu enxergo através dela e não com ela" (*A Vision of the Last Judgement* [Blake, 1966, p. 617]). Ele podia ver "um mundo num grão de areia", e era aí onde residia a realidade subjacente, ou seja, Deus: "Eu não vi nem ouvi qualquer Deus numa percepção orgânica finita, mas meus sentidos descobriram o infinito em tudo" (*O casamento do céu e do inferno*, Imagens 12-13). Analogamente, Bion (1970)

---

ção, na medida em que são ou resíduos mentais expulsos ou impressões-sensoriais não transformadas (desprovidas de sentido).

procura por "intuição" como um paralelo psicanalítico ao uso pelo médico da experiência sensorial (p. 7).

Comum tanto a Blake quanto a Bion é o ponto de vista de que a mentira-na-alma não é uma estrutura complexa em si própria (por exemplo, como o Pandemônio de Milton), mas, antes, uma "cobertura excrementícia" de projeções do eu ou da eudade que necessita ser descascada ou dissolvida de modo a revelar a realidade subjacente: os "direcionamentos do homem", ou na sua forma "divina" Jerusalém – a mente do homem delineada na sua glória nua. A mentira é uma invenção ligada ao moralismo e à eudade onipotente, e se mobiliza contra o turbilhão da mudança catastrófica (p. 99). Ela ignora a onipotência – desamparo do bebê (Bion), o fato de que "nós na terra nada fazemos por nós mesmos – tudo é conduzido por espíritos, não menos do que a digestão ou o sono" (escreveu Blake, antecipando o modelo alimentar do aprendizado de Bion, como Milton já o fizera).[9] O delírio onipotente de controle (como aquele envolvido na moralização) é um no qual "a autointegridade se conglomera contra a Visão Divina" (Blake, *Jerusalém*, Figura 13). Tais mentiras afetam a formação de símbolos. Bion (1963) fala da "aglomeração" de elementos "protomentais" (elementos beta) em oposição à sua "articulação" (por meio dos elementos alfa) em símbolos que podem ser usados para sonhar e pensar (p. 41). A eudade beta encoberta não é só inestética, mas impensável. Ela disfarça a "linha viva do todo-poderoso", como Blake a denominou (*A Descriptive Catalogue* [Blake, 1966, p. 585]).

Talvez a identificação mais íntima de Bion com Blake ocorra por meio do seu uso do símbolo do Tigre. No famoso poema de Blake "O Tigre", a visão é refinada por meio de uma progressão contínua das pancadas musicais do tipo de um martelo: "And

---

9  *Vide*, por exemplo, Blake, *Jerusalém*, Imagem 3; Bion (1965, p. 38); Milton, *Paraíso perdido*, VII: 126.

148  O GERME EM CRESCIMENTO DO PENSAMENTO

when thy heart began to beat, / What dread hand? And what dread feet?"[10]

Isso culmina na "simetria apavorante" da união dos contrários inspiradora-de-espanto: "Será que aquele que fez o Cordeiro fez também a ti?" No *Memoir* de Bion (1991), há um relato de uma "caça ao tigre" infantil na qual o felino perseguido se vinga na forma de um pesadelo noturno, metamorfoseando-se no Grande Gato Rá com as características do "Tigre" de Blake: "Tigre... tigre... nós aprendemos na escola – queimando com brilho. Por favor, mestre! Que olhos ele tem – que mãos temíveis o ponto de interrogação assinala e que pés temíveis?" (p. 441). Como uma das personagens de Bion diz ao seu "Coração" pouco depois, "Você estava sempre latejando. Os coelhos latejam . . . mas não te informam de nada" (p. 452). Mas agora, na medida em que o ritmo implacável do poema penetra nele (juntamente com as regras da gramática), os batimentos se tornam significativos. As "aglomerações" do jogo fantasioso do menino cedem lugar a uma "articulação" do símbolo Tigre-deus, visto face a face; a sua autointegridade não pode se conglomerar contra a Visão Divina. Libertada da sua onipotência, sua mente pode ser refeita naquilo que Blake chama de "as fornalhas da aflição", em que "indefinidos" são triturados em "particulares organizados" (Blake, *Jerusalém*, Figura 55) – as "pequenas criancinhas" do mundo interno – exatamente como no sistema de Bion, os elementos alfa se desprendem da massa de elementos beta.

"O crescimento mental é catastrófico e atemporal", diz Bion (1970); ele enseja "a morte de um estado de mente existente" (pp. 108, 79). Neste sentido, o temor é necessário: ele prenuncia o espanto (Bion, 1991, p. 382), que estimula a investigação. Blake acentuou que o crescimento mental ocorre em estágios minúsculos e

---

10 "E quando teu coração começou a bater / Que mãos temíveis? E que pés temíveis?". [N.T.]

indetectáveis, regulares, mas não suaves. Ele procede por meio de golpes-de-martelo ou pulsações. No seu poema "Milton", as "Filhas de Beulah" (as musas) se postam ao lado dos que estão dormindo e alimentam suas mentes "com cuidados maternais", e cada um de seus movimentos corresponde a "menos do que a pulsação de uma artéria. . . . Pois neste período o trabalho do poeta é feito" (Figura 29). O trabalho do poeta – e também do analista na medida em que ele ou ela "sonhe a sessão" (como Bion sempre intima os seus ouvintes). Por meio dessas disjunções infinitesimais, a mudança catastrófica é absorvida.

O analista, diz Bion, tem de tentar "tornar-se infinito" em si mesmo, para absorver esses choques minúsculos. Ele cita Coleridge como perseguido por um "demônio assustador" ambíguo:

> *Como quem vai com medo e horror*
>
> *Num caminho deserto,*
>
> *E após virar para trás avança,*
>
> *Só olhando à frente, certo*
>
> *De que algum demônio medonho*
>
> *O segue bem de perto*
>
> *(Coleridge, A balada do velho marinheiro, ll. 446-451)*[11]

A estrada é solitária, mas o andarilho não está sozinho quando em contato com seus sentimentos ou sonhos primitivos – "sondando as profundezas metafísicas", como Coleridge descreveu as

---

11 Tradução de França Neto, Alípio Correia de (2011). *A Balada do Velho Marinheiro como representação do devaneio dos românticos* (Tese de doutorado). Faculdade de Filosofia, Letras e Ciências Humanas da Universidade de São Paulo, São Paulo, Brasil.

150 O GERME EM CRESCIMENTO DO PENSAMENTO

suas incursões filosóficas. A referência de Bion ao rio Alfeu de Milton é também ao "rio sagrado Alph" no *Kubla Khan* de Coleridge, e de fato Coleridge especializou-se em formas de definir os extratos da consciência. Estas são as "cavernas não mensuráveis ao homem", muito além do alcance de medições por bússola, associadas com o incognoscível "O", na medida em que o homem é a medida de todas as coisas[12] que ele conhece (um dito ao qual Bion também se refere). Bion era talvez mais assombrado pela música de Coleridge do que pela sua prosa – em particular a marcha militar do "demônio pavoroso"; no entanto, as mais explícitas formulações protopsicanalíticas deverão ser encontradas na metafísica de Coleridge. Estas incluem: "a linguagem da projeção-introjeção, subjetivo-objetivo e observador-observado, como na descrição de Coleridge (1960) de Shakespeare como alguém que "projetou sua mente para fora do seu ser particular [mediante] aquela sublime faculdade pela qual uma grande mente torna-se aquilo sobre o qual ela medita" (Vol. I, p. 188).

A distinção de Coleridge entre formas mecânicas e orgânicas, ou entre Fantasia *versus* Imaginação, prefigura a distinção de Bion entre os elementos beta *versus* função alfa ou "aglomeração" *versus* "articulação". Coleridge insistia na necessidade de estabelecer "as relações das coisas" em vez de se interessar somente pelas coisas em si, como fez Bion na sua teoria dos vínculos. Como Bion e todo verdadeiro filósofo, ele confirmou o dito socrático de que "a ignorância [é] a condição de nosso Conhecimento sempre crescente", o ponto a partir do qual toda jornada começa (Coleridge, 1957, Vol. 3, n. 3825). Do mesmo modo que Blake, toda ideia "compartilha a Infinitude" e, além do mais, diz Coleridge (1972), "contém um poder

---

12 Protágoras (Abdera, *c.* 490 a.C.-Sicília, *c.* 415 a.C.) foi um sofista da Grécia antiga, célebre por cunhar a frase: "O homem é a medida de todas as coisas, das coisas que são, enquanto são, das coisas que não são, enquanto não são". [N.T.]

ilimitado de seminação" (p. 24), do mesmo modo que as *"idée mère*, geradoras de pensamentos"*, de Bion (1991, p. 196) – implicando, num certo sentido, que *todas* as ideias são *idée mères*.

A influência detectável em Bion da Ideia de Wordsworth tem uma qualidade muito diferente – quase amorfa, fluida. Bion (1992) cita o famoso princípio de Wordsworth da "lembrança em tranquilidade" (p. 285), porém dando ênfase no oposto: na necessidade de "abandonar-se" a uma imersão poética no momento. Esse é o aspecto da poesia de Wordsworth que permeia o pensamento de Bion, não (diferentemente de Coleridge) suas distinções e clarificações. Poderíamos comparar, por exemplo, a avaliação de Wordsworth de estar patinando na sua infância como Bion rodando embaixo do sol indiano escaldante brincando de trens: "o demônio penetrou em mim" (Bion, 1982, pp. 29-30): "ainda as escarpas solitárias / Giradas por mim, até mesmo como se a terra tivesse rolado / Com um movimento visível, seu giro diurno" (Wordsworth, *The Prelude*, I: 458-460).

Em cada caso, a memória torna-se um daqueles "pontos temporais" (Wordsworth) que constroem-a-mente, a serem associadas com "aquela beleza que encerrava terror em si" (XIII: 225), como o espanto da criança Bion durante a Caçada ao Tigre. Tais símbolos geradores oferecem

> *Visitações*
>
> *De espantosos comprometimentos, quando a luz do sentido*
>
> *Esvai-se em flashes que demonstram para nós*
>
> *O mundo invisível*
>
> . . .

152 O GERME EM CRESCIMENTO DO PENSAMENTO

*Tumulto e paz, a escuridão e a luz*

*Todos eram como trabalhos de uma mente.*

. . .

*(VI: 533-568)*

Foi assim que Coleridge descreveu sua experiência de ter ouvido Wordsworth recitar pela primeira vez *The Prelude* para ele: "O tumulto elevou-se e cessou" ("Para William Wordsworth"). O "terror" da desaprovação parental (no caso de Bion) é convertido no "espanto" que confere vida à experiência – com "espantosos comprometimentos" permanecendo em contato com "a origem primordial da mente" (Bion, 1991, p. 648). "Muitos temem a experiência espantosa" (p. 382). Como a tristeza de seus pais quando sentiram a falta de "surpresas luminosas" (inspirações religiosas), tais pontos temporais cantam a "música triste e suave da humanidade" (citado por Bion, 2005a, p. 74), no qual o desenvolvimento futuro pode ser encontrado se não for resignadamente abandonado num relicário.

Na visão de Wordsworth, estes raios verticais de luz, espanto ou tumulto penetram um azul calmo e místico bem parecido à metáfora favorita de Bion do bastão criando turbulência na água lisa. Os contrastes se juntam para representar os "trabalhos de uma mente". Eles são o terreno gerador de protopensamentos, pescados do lago de Platão, "movendo-se por ali em palavras não realizadas" (a "Ode à Imortalidade" de Wordsworth). As margens do Jamuna e as margens do Duddon,[13] cujos murmúrios "mistura[vam-se] com

---

13 Bion nasceu nas margens do Rio Jamuna, situado no estado indiano da Bengala Ocidental. Wordsworth escreveu vários sonetos sobre o rio Duddon, situado no noroeste da Inglaterra, entre os condados históricos de Lancashire e Cumberland. [N.T.]

[a] cantiga da babá" (Wordsworth, *The Prelude*, I: 271), compartilhavam uma identidade imaginativa. Ambos[14] "bebiam o poder visionário" da paisagem de suas infâncias, que falava para cada um deles "a linguagem fantasmagórica da terra antiga" (II: 328). Este sentido de envolvimento os seguia a campos desconhecidos, como na descrição de Wordsworth de estar andando ao longo dos "campos nivelados" em Cambridge "Com o côncavo azul do céu edificado por cima de minha cabeça" (III: 100), ou a amada Norfolk de Bion[15] com "céus e águas azuis" (Bion, 1991, pp. 279-280), o azulado de sua atmosfera trespassado por uma narceja mergulhando (Bion) ou por "visitas espantosas" chegando a perturbar a "alma tranquila" (Wordsworth). Na "Ode à Imortalidade", Wordsworth, além do mais, identificava os sentidos de perda ou separação do mundo das realizações platônicas ("infância"), que ele explicava como "hábitos", mas que Bion então analisou como dominado por grupos de supostos básicos.

Se Wordsworth, em última análise, retirava-se do "terror do espaço infinito" (Pascal, frequentemente citado por Bion, por exemplo, em Bion, 1965, p. 171), Shelley deleitava-se com sua potencialidade mística e, como Milton, batalhava com suas presenças calamitosas. O universo de ideias de Shelley compreendia luzes deslumbrantes, fluxos de partículas, átomos, fragmentos de poeira cósmica, ondas e massas de nuvens – todos veículos para abstenção ou obstrução de significados. A vida em si mesma "macula a radiância branca da eternidade" (Shelley, *Adonais*, l. 463), uma frase frequentemente citada por Bion, embora ele a modifique para "mácula rósea" (Bion, 1991, pp. 51, 465) – pois "uma ideia tem tanto direito de corar na surdina quanto qualquer enrubescimento" (p. 276).

---

14 No caso, Bion e Wordsworth. [N.T.]

15 Em *Sins* (Bion, 1985, p. 114), podemos apreciar uma pintura a óleo de Bion que retrata uma casa de campo em Norfolk. [N.T.]

Bion, em *Transformations*, nota o interesse de Shelley em como a força das sensações podem confundir o pensamento com seus objetos; ele cita a nota de Shelley para um personagem em *Hellas* que sofre de:

> *aquele estado de mente no qual as ideias podem ser imaginadas como assumindo a força de sensações por meio da confusão do pensamento com os objetos do pensamento e o excesso de paixão animando as criações da imaginação. (Shelley, nota a Hellas, l. 815; Bion, 1965, p. 133)*

O Prometeu de Shelley, "cego de ódio", é a vítima heroica de ataques vingativos de sensações (elementos beta) projetados por um superego punitivo, que o torna incapaz de sonhar ou de formar símbolos. Bion iria descrevê-los como elementos beta, resultantes de ataques ao vínculo; "O espaço mental é infinito"; portanto, as partículas de pensamentos podem ser "dispersadas instantaneamente por todo o espaço infinito" (Bion, 1970, p. 14). O remédio para Prometeu é que ele precisa aprender uma nova linguagem, por meio de uma identificação com uma figura parecida com a Musa (Asia), para "produzir estranhas combinações a partir de coisas comuns" (*Prometeu desacorrentado*, III.iii.: 32) e transformar "uma agonia cheia de escarpas" em "amor" (IV: 560).

Em *O triunfo da vida* de Shelley, uma "Forma" ambiguamente feminina aparece para mostrar ao sonhador (Rousseau) "De onde eu vim, e onde eu sou, e por quê", e a estrutura de sua mente parece desintegrar: "Como se a mente do observador fosse espargida em baixo / De seus pés como brasas, e ela, pensamento a pensamento, / Pisoteasse suas centelhas reduzindo-as na poeira da morte" (Shelley, *O triunfo da vida*, ll. 386-388).

As formas mutáveis da psique romântica são testemunhas de sua consciência de que os pensamentos são separados de um aparelho para o pensar; portanto, há uma história a ser contada a respeito da interação entre eles. O Rousseau no poema de Shelley, desejando sonhar de novo o seu sonho, no meio de fantasmas e sombras difusas, está inspirado por Dante a conduzi-lo na sua busca: ele que a partir do inferno: "O amor conduziu sereno, e quem voltou para proferir / Palavras de ódio e amedrontar a história extraordinária" (ll. 474-475).

O caminho para se safar do inferno é por meio de Amor, Ódio e Temor Reverencial, em parceria com um Outro.

Bion vislumbrava Shelley como se possuísse uma "rica rivalidade" com Keats, o último e mais admirável dos poetas românticos elogiado em *Adonais*.[16] Foi de fato a generosidade de Shelley que o transformou num porta-voz de todos os poetas ao escrever:

> *Os poetas são os hierofantes de uma inspiração ainda não captada, os espelhos das sombras gigantescas que o futuro lança sobre o presente, as palavras que expressam aquilo que eles não compreendem. . . . Os poetas são os legisladores não reconhecidos do mundo.*
>
> *(Shelley,* Defesa da poesia, *1977, p. 508)*

---

16 Bion (1992) registrou seus pontos de vista depois de ter visitado o Memorial Keats-Shelley em Roma (p. 369). Byron satirizou Keats em *Don Juan* por não ter sido um poeta sério que acabou sendo "metralhado por um crítico" (Byron, *Don Juan*, XI, 1. 60). Byron e Shelley cultivaram entre si um mito enganoso a respeito de Keats que perdura até os tempos modernos. *Adonais* era provavelmente mais uma elegia de Shelley em relação ao seu próprio filho, que tinha morrido recentemente, do que para o seu irmão poeta.

156　O GERME EM CRESCIMENTO DO PENSAMENTO

Suas metáforas pressagiam ideias que somente se tornam explícitas centenas de anos depois. Bion (1977) está aludindo a esta famosa passagem quando fala de ideias poderosas que são "enterradas no futuro que ainda não ocorreu" (p. 43); e de fato a "sombra do futuro" de Shelley jaz atrás, ou então na frente de *A Memoir of the Future* de Bion.

A generosidade de Shelley, uma característica de uma visão mais ampla do que o veículo da sua personalidade contrastava – no entender de Bion – com a "rivalidade invejosa" com Keats emanada de Byron. Byron repudiava (sua visão de) Keats com as seguintes linhas: "Esta mente estranha, esta partícula bem inflamável, / Deveria se deixar apagar por um artigo" (Byron, *Don Juan*, XI: 60).

No entanto, Byron também, provavelmente, exerceu alguma influência em Bion, particularmente em relação ao seu existencialismo (compartilhado com Coleridge) e seus esforços para fazer com que a extraordinária natureza da Mente – aquela "partícula inflamável" – pudesse parecer uma coisa real. Como Bion, ele descreveu suas atividades como "vulcânicas". "Como é que eu poderia explicar que eu consigo enxergar intuitivamente que uma Mente existe?", pergunta Bion (1973-1974, Vol. I, p. 60). Como é que ele poderia encontrar as palavras para expressar a realidade da sua indagação? "O imaterialismo é um assunto sério", colocou Byron enigmaticamente (Byron, *Don Juan*, XVI: 114). Os sonhos, ele escreveu em seu diário, expressam a ação da Mente e vêm a ser "muito mais Mente do que quando estamos acordados" (Byron, *Detached Thoughts*, n. 96). Ou, como ele coloca satiricamente no *Don Juan*, com um acento de humor bioniano:

> *"Ser ou não ser?" – Antes que eu decida,*
>
> *Eu deveria estar contente em saber o que vem a ser um ser.*

*Isto verdadeiramente nós especulamos amplamente,*

*E julgamos, porque nós vemos, nós somos omini-*
*videntes:*

*De minha parte, eu não me engajarei em nenhum dos*
*lados,*

*Até que eu enxergue ambos os lados finalmente em*
*concordância.*

*Para mim, eu às vezes penso que Vida é Morte,*

*E não que a Vida fosse um mero caso de respiração.*

*(Byron, Don Juan, IX: 16, trad. nona)*

"Devo me apressar", escreve Bion (1991), "Tenho um compromisso de me encontrar com o Destino" (p. 577). Os personagens no *Memoir* estão sempre dizendo "é claro", e sendo acusados de presunção pelos outros. Como Bion, Byron apropria-se antecipadamente daquele que se antecipa ("Antes que eu decida"), a pessoa ignorante que se lança em ação sem nunca perguntar "o que é *ser*?". No entanto, ao mesmo tempo, ele estava sempre se lançando à ação.[17] Como disse, ele tinha empatia com ambos os lados de uma partilha irreconciliável.

Byron se sentia num clima perpétuo de luta/fuga, perseguido pela *Mulher* ou *Poesia*, um ser demoníaco-feminino combinado, como algumas das figuras femininas dos pesadelos de Bion no *Memoir* ou *The Long Week-End*.[18] Para Byron, faltou uma Rosemary

---

17 Byron morreu buscando um "túmulo de um soldado" depois de se juntar na luta grega pela independência ("Neste dia eu completo meu trigésimo sexto ano").

18 Por exemplo, a "enfermeira" que parecia projetar uma dose letal de neurose de guerra num soldado ferido (Bion, 1982, p. 193); ou a Mulher Velha que o aterrorizava (p. 145).

para manter esses perseguidores em ordem, e descreveu a sua própria mente como um "jarro triste de átomos". Ele estava escapando, e estava bem cônscio disso, a partir do próprio princípio da Beleza, e das ambiguidades inerentes que as mentes menos perceptivas (as do tipo "omini-videntes") pretendiam não enxergar. Ele ansiava por uma musa "mais shakespeariana" (a Aurora no *Don Juan*), no entanto, não estava preparado para pagar o preço do comprometimento emocional; portanto, era irônico – e também compreensível – que ele não pudesse tolerar o novo poeta bebê romântico que era de fato mais shakespeariano e mais apto a sustentar o conflito estético.

Os poemas e as cartas de Keats englobam um avanço adicional espetacular na metafísica espiritual que Milton colocava em movimento; eles incluíam as sondagens e *insights* dos românticos iniciais e os ultrapassava do mesmo modo que a sua nova deusa Psique ultrapassava "Os velhos do Olimpo". Nenhum evento mental é real, diz Keats, até que nós "o sintamos na própria pele". Ele não se esquivou da solidão que, Bion dizia, poderia esmagar o analista que atingisse o necessário descolamento dos seus sentimentos primitivos e da sua realidade somática: ao contrário, ele enfrentava isso honestamente com "Coração, tu e eu estamos aqui, tristes e solitários", no limiar de sua explosão criativa na primavera de 1819. Como Blake e Keats, Bion frequentemente indaga como é que nós podemos reconhecer "a coisa real" (em relação ao amor, *vide*, por exemplo, Bion, 1991, p. 354), ou de fato qualquer "conversa" verdadeira (p. 477). "Eu nunca me sinto certo em relação a qualquer verdade a não ser a partir de uma clara percepção da sua beleza", disse Keats (carta a G. e G. Keats, dez. 1818-jan. 1819 [Keats, 1970a, p. 187]). Relativamente tarde em sua carreira, Bion (1965) também admitiu quase relutantemente que na sua prática analítica ele se fiava num senso "estético" para confirmar a acuidade – ou seja, a realidade – de uma interpretação (p. 38). "Será que a Beleza poderia ajudar?", indaga a sua heroína Rosemary no *Memoir* no contexto de tentar livrar "a infância desastrada da psicanálise do domínio de uma mente forjada na sensualidade" (Bion, 1991, p. 130). A Beleza, ela sugere, possui uma qualidade abstrata inerente comparável à matemática.

Keats, com alguns dos outros poetas românticos, empregou a nova linguagem da física e da química para iluminar o seu conceito de crescimento mental; e num certo sentido Bion, numa busca por uma linguagem para os fenômenos não sensoriais, estava se apoiando nas descobertas da ciência do século XX metaforicamente, e não literalmente. Os homens de gênio, disse Keats, operam como "substâncias químicas etéreas" na "massa do intelecto", "um germe espiritual" despertando turbulências, mas também aspirações no Grupo – uma ideia messiânica sem a aura maníaca. Os poetas usavam o termo "partículas" do mesmo modo que Bion usou "elementos", como quando Keats descreveu a si mesmo como "filtrando partículas de luz no interior de uma grande escuridão" (carta a G. e G. Keats, fev.-maio 1819 [Keats, 1970a, p. 230]). As "partículas" de Keats estão em constante movimento e, mediante "ensaios, alterações e aperfeiçoamentos", refinam o seu potencial como "centelhas da própria essência de Deus" (elementos alfa). Eles são aparentemente randômicos e infinitos até que a atenção os captura dentro de uma rede de uma mente individual, os pensamentos são elaborados e uma "identidade" começa a formar-se num mundo que se transformou num "vale de Construção-da--Alma". O "mundo das circunstâncias" é sem sentido, exceto em relação ao olho do observador. Keats enxergava a mente-cérebro como uma "tapeçaria empírea" cujos filamentos alcançavam todas as direções. Muito parecido à noção de Bion de "polivalência" mental" (Bion, 1997, p. 25).

160 O GERME EM CRESCIMENTO DO PENSAMENTO

Bion frequentemente se valeu do "fato selecionado" de Poincaré e da teoria da Gestalt para descrever o ponto no qual a significância entra na mente povoada de "partículas" ou "elementos", de modo que o caleidoscópio é reconfigurado e um padrão torna-se visível no caos do acaso (por exemplo, Bion, 1977, p. 11). Ele também, no entanto, tinha em mente um dos sonetos iniciais de Keats, "Sobre um primeiro olhar no Homero de Chapman", no qual o mesmo tipo de iluminação é descrito, mais musical e memoravelmente, e que começa assim: "Então eu me senti como um observador dos céus / Quando um novo planeta dança no seu horizonte..." (Keats, citado por Bion, 1997, p. 29).

Ou como Keats formulou na sua "Ode à Psique": "Eu vejo, e canto, inspirado por meus próprios olhos". Nesse poema seminal, Keats, como um daqueles "hierofantes" clarividentes de Shelley, atingiu a visão na qual a psicanálise moderna se apoia: o relacionamento interno entre o poeta bebê e a musa mãe como um objeto que ensina. Keats sempre focaliza a situação do limiar entre dois polos ou figuras internas-chave, e estabelece a tensão entre elas de um modo que delicadamente detém a situação psíquica para ser observada, do mesmo modo que Bion sempre se concentrava na "cesura" ou sinapse e nas vinculações. Ao fazer isso, Keats seguia as implicações da fraseologia dos outros poetas românticos em busca de sua conclusão lógica: ele tinha clareza que – como o próprio Bion insistiu – os pensamentos não são inventados, mas pré-datam platonicamente a sua recepção numa forma terrena. Eles entram no interior de uma mente que desenvolveu um aparelho para pensar. Este vem a ser o "jardim" metafórico da "Ode à Psique", em que o poeta-sacerdote zela pela "treliça entrelaçada de um cérebro em funcionamento" e coloca a mente em uma condição de alerta, prestes a "permitir que o cálido Amor entre" e que facilite a conjunção criativa entre Cupido e Psique.

Além do mais, é significativo que Keats, como Milton, tornou-se sensível em relação às "coisas invisíveis" depois de ter trabalhado o seu escape de uma depressão profunda causada pela morte de seu querido irmão mais moço, Tom. Seguindo isso, Keats descreveu o seu estado de mente como um em que, se ele fosse cair na água, "mal teria forças de conseguir voltar à tona". Tom representava para John Keats aquilo que Sweeting representou para Bion, Sweeting sendo o nome que ele conferiu ao jovem estafeta durante a guerra cuja parede torácica tinha sido dilacerada. Sweeting (cujo nome verdadeiro era Kitching) implorou a Bion que escrevesse a sua mãe, uma carga emocional que Bion sentiu como intolerável. Próximo ao final de sua própria vida, Keats disse que sua irmã Fanny o assombrava "como um fantasma – ela é muito parecida a Tom", e Bion, nas suas autobiografias, descreve como ele vinha sendo eternamente assombrado pelos "fantasmas" de seus camaradas que morreram. O jovem Bion e Keats estavam ambos na condição de serem mães para esses irmãos ainda mais jovens.[19]

E, de outra perspectiva, eles eram ambos notavelmente conscientes de suas dívidas com seus predecessores criativos ("ancestrais", como Bion os denominava), significando todos aqueles que tinham contribuído para suas mentes ou personalidades atuais, incluindo aqueles englobados pelo refrão frequente de Bion "ante Agamemnona multi", que podem ser desconhecidos ou não nomeados. Os alertas de Bion a respeito da arrogância, e sua descrição de suas "ambições iniciais" e da sensação de desmerecimento na

---

19 Eu especulo que meu pai, Roland Harris, foi um desses filhotes que Bion poderia possivelmente ter sentido que abandonou no meio da análise quando saiu de Londres e foi para a Califórnia, na sua urgência de escapar do tanque da Sociedade Britânica de Psicanálise. Meu pai morreu súbita e inesperadamente um ano depois que Bion partiu. Bion tinha dito que devia a sua própria "existência continuada à sua capacidade de pressentir um desastre iminente" (Bion, 1991, p. 175).

162   O GERME EM CRESCIMENTO DO PENSAMENTO

escola, estão prefigurados na questão adolescente de Keats: "Quem sou eu para pretender ser um poeta, percebendo a grandiosidade desta tarefa?" (carta a Hunt, 10 maio 1817 [Bion, 1970a, p. 10]). De fato, a busca de Keats pela "verdadeira voz do sentimento" e seu reconhecimento da dificuldade em encontrá-la[20] poderiam sumariar para Bion o cerne da sua própria luta por muitas décadas: como expressar o fato que ele *sentia algo*.

O modelo de Keats da mente foi obtido por meio de um "sofrer" no sentido bioniano de "nem lutar, nem fugir" (Bion, 1961, p. 65). "A menos que adoeçamos, não compreenderemos" (Keats, carta a Reynolds, 3 maio 1818 [Keats, 1970a, p. 93]). Muito se poderia dizer a respeito da sátira tardia de Keats a respeito da antipoesia em *Lamia*, com os seus "pensamentos sussurrantes" persecutórios dentro do espírito da Grade Negativa e a respeito da "triste Moneta", a Musa gelada de *A Queda de Hiperion* e a possível influência no retrato que Bion traçou da mãe impactada pela guerra. Para concluir esta breve consideração, no entanto, nós podemos simplesmente enfatizar a profunda impressão que a doutrina de Keats da "Capacidade Negativa" causou em Bion. Keats a formulou muito cedo na sua vida, mas passou a vivê-la na sua grande poesia subsequente e na sua vida, e foi isso que conferiu a ela peso e substância para Bion, como de fato para todos nós. Ela se tornou a frase que, Bion sentia, expressava melhor do que ele mesmo poderia fazer a necessidade de tolerar a frustração de não saber. O uso da palavra "negativa" aqui é naturalmente diferente daquele utilizado por Blake, ou na Grade Negativa: ele localiza o espaço entre o impulso e a ação no qual a mente se torna disponível para pensar, fornecendo o tempo suficiente – a ponto que ocorra uma pulsação numa artéria – para que os pensamentos germinem. A menos que a força se desenvolva nesta área, todas as tentativas de conduzir

---

20 Keats, carta a Reynolds, 21 de setembro de 1819 (Keats, 1970a, p. 292).

uma psicanálise tornam-se fúteis. Keats era – como Shelley profetizou – a mancha no brilho da eternidade (o corar das paredes do útero) que englobava o "germe do pensamento em desenvolvimento" para os pensadores psicanalíticos existente na sombra do futuro. É apropriado que o epitáfio de Keats em Roma – "aqui jaz alguém cujo nome foi escrito na água" – chegou à mente de Bion para descrever a natureza efêmera da própria conversa psicanalítica: "É difícil porque a conversa é realmente como se fosse escrita na água. A água imediatamente se fecha por cima dela. Portanto, de fato, ela depende de algum sistema que possa registrá-la mentalmente" (Bion, em palestra na Tavistock de 1977, citada a partir da transcrição de uma gravação em fita).

Trata-se, como o próprio Keats falou, de uma "cantilena sem tom".

# Referências

Bion, W. R. (1961). *Experiences in Groups*. London: Heinemann.

Bion, W. R. (1963). *Elements of Psychoanalysis*. London: Heinemann.

Bion, W. R. (1965). *Transformations*. London: Heinemann.

Bion, W. R. (1967). *Second Thoughts*. London: Heinemann.

Bion, W. R. (1970). *Attention and Interpretation*. London: Tavistock.

Bion, W. R. (1973-1974). *Brazilian Lectures* (Vols. 1-2). Rio de Janeiro: Imago.

Bion, W. R. (1977). *Two Papers: The Grid and Caesura* (J. Salomão, Ed.). Rio de Janeiro: Imago.

Bion, W. R. (1982). *The Long Week-End*. Abingdon, England: Fleetwood Press.

Bion, W. R. (Ed.). (1985). *All My Sins Remembered*. Abingdon, England: Fleetwood Press.

## 166 REFERÊNCIAS

Bion, W. R. (1991). *A Memoir of the Future* (Vols. 1-3, 1975, 1977, 1979). London: Karnac Books.

Bion, W. R. (1992). *Cogitations* (F. Bion, Ed.). London: Karnac Books.

Bion, W. R. (1997). *Taming Wild Thoughts* (F. Bion, Ed.). London: Karnac Books.

Bion, W. R. (2005a). *Italian Seminars* (P. Slotkin, Trad.). London: Karnac Books.

Bion, W. R. (2005b). *The Tavistock Seminars*. London: Karnac Books.

Blake, W. (1966). *Complete Writings* (F. Bion, Ed.). Oxford, England: Oxford University Press.

Coleridge, S. T. (1957). *Notebooks* (K. Coburn, Ed., Vols. 1-3). London: Routledge.

Coleridge, S. T. (1960). *Shakespeare Criticism* (T. M. Raysor, Ed., Vols. 1-2). London: Dent.

Coleridge, S. T. (1969). *Poetical Works*. London: Oxford University Press.

Coleridge, S. T. (1816/1972). The Statesman's Manual. In R. J. White (Ed.), *Lay Sermons* (pp. 1-280). London: Routledge.

Corbett, J. (1944/1988). *Man-Eaters of Kumaon* (reimpr.). Delhi: Oxford University Press.

Eliot, T. S. (1944). *Four Quartets*. London: Faber.

Golding, W. (1956/2005). *Pincher Martin* (reimpr.). London: Faber, 2005.

Harris, M. (1980/1987a). Bion's conception of a psycho-analytical attitude. In M. H. Williams (Ed.), *Collected Papers of Martha*

*Harris and Esther Bick* (pp. 340-344). Strathay, Scotland: Clunie Press.

Harris, M. (1978/1987b). The individual in the group: on learning to work with the psychoanalytical method. In M. H. Williams (Ed.), *Collected Papers of Martha Harris and Esther Bick* (pp. 322-339). Strathay, Scotland: Clunie Press.

Harris, R. J. (1938-1950). *Poems* (não publicado).

Harris, R. J. (1970). *Poems*. Strathay, Scotland: Clunie Press.

Hopkins, G. M. (1953). *The Hopkins Reader* (J. Pick, Ed.). London: Oxford University Press.

Keats, J. (1970a). *Selected Letters* (R. Gittings, Ed.). Oxford, England: Oxford University Press.

Keats, J. (1970b). *Poems* (M. Allott, Ed.). London: Longman.

Marvell, A. (1681/1952). *Poems* (H. MacDonald, Ed.). London: Routledge.

Mawson, C. (Ed.). (2010). *Bion Today*. London: Routledge.

Meltzer, D. (1983). *Dream Life*. Strathay, Scotland: Clunie Press.

Meltzer, D. (1992). *The Claustrum*. Strathay, Scotland: Clunie Press [reimpr. London: Karnac Books, 2008].

Meltzer, D., & Williams, M. H. (1988). *The Apprehension of Beauty*. Strathay, Scotland: Clunie Press. [reimpr. London: Karnac Books, 2008].

Milton, J. (1972). Letter to a Friend. In W. A. Wright (Ed.), *Trinity College Manuscript* (edição fac-símile, pp. 6-7). Menston, England: Scolar Press.

Milton, J. (2003). *Complete Poems and Major Prose* (M. Y. Hughes, Ed.). Indianapolis, IN: Hackett.

## 168 REFERÊNCIAS

Olney, J. (Ed.). (1980). Autobiography and the cultural moment. In *Autobiography: Essays Theoretical and Critical* (pp. 3-27). Princeton, NJ: Princeton University Press.

Owen, W. (1920/1990). *Poems* (J. Stallworthy, Ed.). London: Chatto & Windus.

Plato (1975). *Phaedrus* (W. Hamilton, Trad.). Harmondsworth, England: Penguin Books.

Plato (1987). *Theaetetus* (R. Waterfield, Trad.). Harmondsworth, England: Penguin Books.

Shelley, P. B. (1977). *Poetry and Prose* (D. H. Reiman & S. B. Powers, Eds.). New York: Norton.

Trotter, W. (1916/2005). *Instincts of the Herd in Peace and War* (reimpr.). New York: Cosimo Classics.

Williams, M. H. (1983a). "Underlying pattern" in Bion's *Memoir of the Future. International Review of Psycho-Analysis, 10*(75), 75-86 [reimpresso em C. Mawson (Ed.), *Bion Today*, Routledge, 2010].

Williams, M. H. (1983b). The Long Week-End by W.R. Bion: a review article. *Journal of Child Psychotherapy, 9*, 69-79.

Williams, M. H. (1985). The Tiger and "O". *Free Associations, 1*, 33-55.

Williams, M. H. (2005a). Confessions of an immature superego or, the Ayah's lament. In *The Vale of Soulmaking: the post-Kleinian model of the mind and its poetic origins* (pp. 201-220). London: Karnac Books.

Williams, M. H. (2005b). Rosemary's roots: the Muse in Bion's autobiographies. In *The Vale of Soulmaking: the post-Kleinian model of the mind and its poetic origins* (pp. 201-220). London: Karnac Books.

Williams, M. H. (2009). As musas do psicanalista. In G. Costa Pinto (Ed.), *Coleção Memória da psicanálise* (Vol. 6, pp. 90-97). São Paulo: Duetto.

Williams, M. H. (2010). *The Aesthetic Development: The Poetic Spirit of Psychoanalysis*. London: Karnac Books.

**GRÁFICA PAYM**
Tel. [11] 4392-3344
paym@graficapaym.com.br